Du scandale du mal
à la rencontre de Dieu

OUVRAGES DU MÊME AUTEUR

Mission et Unité. Les exigences de la communion, Paris, Le Cerf, 1960.

L'Esprit de l'Orthodoxie grecque et russe, Paris, Fayard, 1961.

Le Christ et l'Eglise, Théologie du mystère, Paris, Le Centurion, 1963.

Mission et Pauvreté. L'heure de la mission mondiale (avec Mgr Mercier), Paris, Le Centurion, 1964.

L'Eglise en marche (avec G. Lafont), Paris, Desclée De Brouwer, 1964.

Evangile et Révolution avec Jean Bosc et Olivier Clément, Paris, Le Centurion, 1968.

Le Visage du Ressuscité, Paris, Editions Ouvrières, 1968.

Celui qui vient d'ailleurs, l'Innocent, Paris, Le Cerf, 1971.

Le Mystère du Père. Foi des apôtres. Gnoses actuelles, Paris, Fayard, 1973.

Les Témoins sont parmi nous. L'expérience de Dieu dans l'Esprit Saint, Paris, Fayard, 1976.

Marie-Joseph LE GUILLOU, o.p.

Du scandale du mal à la rencontre de Dieu

EDITIONS SAINT-PAUL • PARIS - FRIBOURG
1991

ISBN 2-85049-474-7
ISSN 1152-0604

Avant-propos

Ce livre est un recueil de conférences données par le Père Marie-Joseph LE GUILLOU en 1980 au Prieuré de Béthanie. J'ai tenu à en garder le style oral, avec sa vigueur parfois déroutante, si nous n'acceptons pas d'aller jusqu'au bout de sa réflexion et de sa prière.

Dominicain, homme de prière et de combat, le Père LE GUILLOU a lutté de toutes ses forces pour défendre la droite confession de Dieu au cœur de l'Eglise.

Alors que tout son être semblait arriver au point culminant d'où il pourrait faire jaillir des œuvres importantes qu'il avait en préparation, la terrible maladie de Parkinson s'est abattue sur lui en 1974, tel un orage fracasse un cèdre vigoureux. Tout a été clair pour lui : le Seigneur lui demandait de livrer tout son être, à l'image de Jésus Christ, le serviteur souffrant, qui se vide de lui-même jusqu'au bout pour glorifier le Père et entraîner dans sa gloire, qui n'a d'égale que son amour, tous les hommes.

Par une retraite prêchée à notre Congrégation, il est entré en profonde communion avec nos valeurs ecclésiales : vie monastique unissant tradition orientale et occidentale, adoration eucharistique, participation à la substitution du Christ, accueil spirituel ; en bon théologien qu'il était, il nous a aidées à restructurer nos constitutions.

Mais il ne perdait pas de vue toute l'aide à apporter aux laïcs, et c'est ainsi que chaque année, au Prieuré de Béthanie, devenu avec la permission de ses supérieurs, le lieu de son habitation, il traitait un sujet tout au long de l'année. En 1980, le sujet du « Scandale du mal » s'est imposé à lui, alors qu'il avait été traversé tout entier par la terrible crise de l'Eglise et que le mal le transperçait de part en part. Ces conférences ont touché tellement le cœur des auditeurs, qu'il s'en est suivi un grand nombre de conversions.

Il était lui-même émerveillé du dessein d'amour bienveillant du Seigneur et il me l'a exprimé dans une lettre personnelle où il me disait ceci :

« Quand je suis tombé malade, quand il y a eu le diagnostic de ma maladie, j'ai pensé que le temps de la plénitude, de l'accomplissement, était venu, mais je ne pouvais imaginer ce que le Seigneur préparait. C'est Lui qui a tout fait, c'est Lui qui a posé pierre après pierre en bon architecte qui sait ce qu'il prépare, et il fait la merveille des merveilles, l'unité qui est le reflet du mystère trinitaire, toute jaillissante de la contemplation de sa face. Nous avons offert ensemble la multitude de nos filles et j'ai été émerveillé de la joie de Dieu. »

Je souhaite à chaque lecteur la grâce de lire ces pages avec sa transparence d'amour et de simplicité, et de méditer la prière que le Père LE GUILLOU disait spontanément à la fin de chaque entretien.

Je remercie très spécialement tous ceux qui ont contribué à l'élaboration de cette publication. Qu'ils en reçoivent grâce sur grâce!

Dans le souci de transmettre cet immense message d'espérance et de paix avec le désintéressement qui habitait le Père LE GUILLOU, je désire que la Congrégation ne reçoive de cet ouvrage ni gloire ni argent, et pour ce motif, les droits d'auteur sont intégralement versés aux Editions Saint-Paul pour leur permettre d'éditer des ouvrages décisifs pour la vérité de la foi et l'unité de l'Eglise dans la charité.

Sœur Marie-Agnès
Prieure Générale
Congrégation des Bénédictines
du Sacré-Cœur de Montmartre

Introduction

L'HOMME DEVANT LE SCANDALE DU MAL

Le scandale du mal est au cœur de la vie de tout homme. Il est au cœur de la Bible, au cœur de l'Evangile. Si les grandes réalités de ce monde sont la médisance, la calomnie, la trahison, la souffrance, la maladie, la mort, où les trouve-t-on plus présentes que dans les Psaumes, dans la prière même de l'Eglise ? Il est important de pouvoir prendre conscience de ce scandale et de le regarder bien en face, de l'entendre dans sa dimension profonde d'abîme, et de le scruter à la lumière de la Parole de Dieu. Car, au cœur de la Parole de Dieu, on trouve la présence du mal, et cela d'une façon éblouissante, beaucoup plus éblouissante que dans toute notre littérature humaine.

Commençons par regarder de façon très générale, à travers quelques textes, comment divers auteurs ont posé le problème du mal.

1 - L'homme atteint de plein fouet par le scandale du mal

« Dors, mon enfant, et que dorme la mer, et que dorme notre immense infortune. » Ces paroles sont prononcées par une maman qui berce son enfant sur le rivage près d'Athènes. Dormir : voilà ce à quoi aboutit toute la sagesse antique.

Le problème du mal se pose dans l'Antiquité avec beaucoup de rigueur et de violence. Voici, par exemple, un texte d'Epicure : « Ou bien Dieu veut supprimer les maux, mais il ne le peut pas, ou il le peut, mais il ne le veut pas, ou bien il ne le peut ni ne le veut. S'il le veut et ne le peut pas, il est impuissant, ce qui est contraire à sa nature. S'il le peut et ne le veut pas, il est mauvais, ce qui est contraire à sa nature. S'il ne le veut et ne le peut, il est à la fois mauvais et faible, c'est-à-dire qu'il n'est pas Dieu. Mais s'il le veut et le peut, ce qui seul convient à Celui qui est, d'où vient donc le mal et pourquoi ne le supprime-t-il pas ? »

On perçoit à travers ce texte comme une révolte sourde, latente. La même question se retrouve dans le monde moderne, mais à l'état incandescent. Voici comment Schopenhauer, au début du XIXe siècle, l'abordait : « A supposer que Dieu ait fait ce monde, je n'aimerais pas être ce Dieu-là, car la misère du monde me déchirerait le cœur. »

On ne peut mieux dire. Cette réflexion est éblouissante de simplicité et de profondeur. Elle manifeste une sorte de refus de ce

Dieu qui abandonne ses enfants dans un univers illimité, qui les dépasse. Livrés à l'angoisse et à la nuit, il ne leur reste que le néant et, comme consolation, une mort certaine.

Ecoutons aussi le désarroi de ce prisonnier qui rencontre le pasteur Richard Wurmbrandt en prison et lui dit : « Le Tout-Puissant est déshonoré par les malheurs qui nous arrivent. Comment puis-je aimer le Créateur des microbes et des tigres qui déchirent les hommes ? »

Ces formules peuvent paraître simples. Elles traduisent en fait une réalité extrêmement profonde, extrêmement douloureuse, que la Bible exprime avec beaucoup plus de force.

Ecoutons encore un des pères de la poésie moderne : « J'ai reçu la vie comme une blessure béante et j'ai défendu au suicide de guérir la cicatrice. Je veux que le créateur en contemple à chaque heure de son éternité la crevasse béante. »

Les textes sont innombrables et mériteraient d'être tous cités. Pensons aux formules brutales et terribles de Nietzsche, ou à certaines phrases de Beckett : « Dieu a bâclé l'homme de façon scandaleuse. » Rappelons-nous aussi la formule célèbre d'Ivan Karamazov, dans *Les Frères Karamazov* de Dostoïevsky : « Si le monde permet le supplice d'un enfant par une brute, je ne m'oppose pas à Dieu, je lui rends mon billet. » Camus y fait directement écho lorsqu'il dit : « Comment pourrais-je chanter les louanges de l'auteur d'une création dans laquelle tant d'enfants innocents sont immolés ? »

La question est claire, mais rude. Elle se résume en une formule entendue de la bouche d'une ouvrière parisienne : « S'il y a quelqu'un au-dessus de nous, il mériterait d'être puni. »

Tel est le scandale d'un monde de misère et de mort, la face douloureuse de notre univers dont ces textes suffisent à faire sentir la dimension extraordinairement dramatique. Ils nous présentent une réalité qui est au cœur de toute vie, une réalité que tout homme rencontre, à laquelle il faut répondre, et répondre dans la vérité, sans biaiser.

La Bible nous apprend à ne pas biaiser. Devant l'ampleur, l'atrocité du mal, elle dit vrai. Elle le regarde bien en face, et elle essaie d'y faire face.

2 - Découverte de l'abîme du mal par le croyant

Abordons maintenant quelques très beaux textes dans lesquels le mal est à la fois pris dans toute son ampleur, dans toute sa dureté, et en même temps transcendé par une charité et un amour absolument extraordinaires.

Ainsi, le testament écrit par un juif polonais, Jossel Raschower avant de mourir au cours de la révolte du ghetto de Varsovie en 1943, alors qu'il se prépare à verser sur ses habits, pour s'incendier complètement, les dernières bouteilles d'essence qu'il utilisait contre les assaillants. Il avait déposé ce testament dans une bouteille, et nous avons retrouvé ce texte admirable. Cette profession de foi extraordinaire a été publiée sous le nom de « *Testament dans la fournaise* ». En voici quelques extraits :

« Si quelqu'un le trouve plus tard, il saura peut-être saisir les sentiments d'un juif, d'un de ces millions de juifs qui sont morts ; un Juif abandonné du Dieu auquel il croyait si intensément (...)

Lorsque je regarde les années passées, je puis dire, pour autant qu'un homme puisse témoigner de quelque chose avec certitude : j'ai eu une vie magnifique. Ma vie fut autrefois bénie de bonheur. J'ouvrais ma porte à tout homme dans le besoin et je trouvais le bonheur lorsque je pouvais rendre service à mon prochain. J'ai servi Dieu dans un ardent abandon, et ma seule prière vers lui était de pouvoir le servir de tout mon cœur, de toute mon âme, de toutes mes forces.

Mais il se passe maintenant quelque chose de très surprenant dans le monde : c'est le temps où le Tout-Puissant détourne son visage des suppliants. Dieu a caché sa face au monde. Et c'est pourquoi les hommes sont abandonnés à leurs passions sauvages. Il est très naturel, aux temps où ces passions règnent sur le monde, que ceux-là soient les premières victimes en qui le divin et le pur sont demeurés vivants. Cela ne signifie pas qu'un juif pieux accepte simplement le jugement comme il vient et dise : Dieu a raison, son jugement est juste. Non, je n'attends pas un miracle et je ne prie pas mon Dieu qu'il ait pitié de moi. Qu'il me montre la même indifférence qu'il a montrée à des millions d'autres de son peuple ; je ne suis pas une exception et je n'attends pas qu'il m'accorde une attention. Je n'essaierai pas de me sauver moi-même ; je ne tenterai pas d'échapper d'ici.

Je crois au Dieu d'Israël, même s'il a tout fait pour briser ma foi en lui. Je crois à ses lois. Je me courbe devant sa grandeur, mais je n'embrasserai pas le bâton qui me châtie. Je l'aime mais j'aime encore plus sa loi. Et même si je m'étais trompé à son sujet, je continuerais à adorer sa loi.

Tu dis que nous avons péché. Je voudrais néanmoins que tu me dises s'il y a un péché sur terre qui mérite un tel châtiment. Je te dis tout cela, mon Dieu, parce que je crois en toi, parce que je crois plus que jamais en toi.

Mais je ne puis te louer pour les actes que tu tolères. Je meurs paisiblement, mais non satisfait ; en croyant, mais non en suppliant. J'ai suivi Dieu, même quand il m'a repoussé loin de Lui. J'ai accompli son commandement même lorsque, pour prix de cette observance, il me frappait. Je l'ai aimé. J'étais et je suis encore épris de Lui, même lorsqu'il m'a abaissé jusqu'à terre, m'a torturé jusqu'à la mort.

Tu peux me torturer, mais je croirai en toi. Je t'aimerai toujours malgré toi. Et ceci sont mes dernières paroles, mon Dieu de colère : tu ne réussiras pas à me faire te renier. Tu as tout entrepris pour que je tombe dans le doute. Mais je meurs comme j'ai vécu, dans une foi inébranlable en toi. »

Ce texte saisissant exprime le scandale du mal dans toute sa profondeur, mais c'est en même temps le témoignage d'une foi qui demeure inébranlable : la foi au Dieu d'Israël qui est toujours vainqueur.

Nous connaissons tous la façon atroce dont a pris fin le ghetto de Varsovie. Ce juif est un témoin du Dieu d'Israël. Il est là, il tient dans la foi.

Dans la même ligne, nous avons ce texte de Bernanos que je résumerai par une petite phrase de Bernanos lui-même : « Le malheur des hommes est la merveille de l'univers. » Formule scandaleuse, et pourtant pleine de sagesse, mais d'une sagesse scandaleuse, qui dépasse toute sagesse humaine : la sagesse même de la croix. Bernanos ne parle pas ici en romancier : il a fait cette expérience d'une façon très concrète, pendant sa vie :

« Il y a en ce moment dans le monde, au fond de quelque église ou même dans une maison ou encore au tournant d'un chemin, tel pauvre homme qui joint les mains et du fond de sa misère sans rien savoir de ce qu'il dit et sans rien dire, remercie Dieu de l'avoir fait libre, de l'avoir fait capable d'aimer. Il y a quelque part ailleurs, je ne sais où, une mère qui cache pour la dernière fois son visage au creux d'une poitrine qui ne battra plus, une mère près de son enfant qui offre à Dieu le gémissement d'une résignation exténuée, comme si la voix qui a jeté les soleils dans l'étendue venait lui murmurer doucement à l'oreille : Pardonne-moi, un jour tu sauras, un jour tu comprendras, tu me rendras grâce. Mais maintenant ce que j'attends de toi c'est ton pardon. Pardonne. Ceux-là, cette femme harassée, ce pauvre homme se trouvent au bord du mystère, au cœur de la création universelle et dans le secret même de Dieu. Que vous dire ? Ce que ces gens ont compris, ils l'ont compris par un mouvement profond et irrésistible de l'âme qui engageait à fond toute leur nature. Et au moment où cet homme, cette femme acceptaient leur destin, s'acceptaient eux-mêmes, humblement, le mystère de la création s'accomplissait en eux, tandis qu'ils murmuraient ainsi sans le savoir tout le risque de leur dignité humaine, bref il attend des saints [1]. »

Avant d'en venir à un autre texte, plus étonnant encore, qui va jusqu'au cœur même du mystère du mal, il faut bien poser le problème. Un mystère est quelque chose qui nous dépasse et que nous ne résoudrons jamais, même si nous bénéficions de quelques lueurs pour nous éclairer. Il faut donc comprendre que c'est le mystère lui-même qui nous éclaire, comme de l'intérieur. Ce n'est pas nous qui éclairons le mystère, et ceci à la différence de ce qui se passe pour le problème, que nous résolvons par nous-mêmes.

Le texte que nous allons lire est extrait des lettres d'Emmanuel Mounier à sa femme, alors que leur enfant vient d'être com-

1. Extrait de *La liberté, pour quoi faire ?*

plètement et définitivement brisée dans son intelligence, dans son développement, dans tout son être, à la suite d'une encéphalite. Cet échange de lettres est assez étonnant. Il a lieu en 1940, pendant la guerre. Mounier vient d'apprendre quelques jours plus tôt que sa fille est malade, et que tout espoir est désormais perdu. Voici une lettre datée du 20 mars 1940 :

« Quel sens aurait tout cela si notre petite gosse n'était qu'un morceau de chair abîmée on ne sait où, un peu de vie accidentée, non pas cette blanche petite hostie qui nous dépasse tous, une infinité de mystère d'amour qui nous éblouirait si nous le voyions face à face. Si chaque coup plus dur n'était qu'une élévation nouvelle qui chaque fois dans notre cœur commence à être habitué, adapté au coup précédent et une nouvelle question d'amour. Tu entends cette pauvre petite voix suppliante de tous les enfants martyrs dans le monde et ce regret d'avoir perdu leur enfant au cœur d'un million d'hommes qui nous demandent comme au pauvre du bord du chemin : Dites, vous qui avez votre amour, les mains pleines de lumière, vous voulez bien donner encore cela ? Si nous ne faisons que souffrir, subir, endurer, supporter, nous ne tiendrons pas et nous manquerons à ce qui nous est demandé. Du matin au soir ne pensons pas à ce mal comme quelque chose qu'on nous enlève, mais comme quelque chose que nous donnons, afin de ne pas démériter de ce petit christ qui est au milieu de nous, de ne pas le laisser seul travailler avec le Christ. Je ne veux pas que nous perdions ces jours, parce que nous oublierions de les prendre pour ce qu'ils sont : des jours pleins d'une grâce inconnue. »

En voici une autre, du 11 avril 1940 :

« Je sens comme toi une grande lassitude, mais un grand calme mêlé. Je sens que le réel, le positif c'est le calme. Cet amour de notre petite fille se transformant doucement en offrande, en une tendresse qui la déborde, qui part d'elle, revient sur elle, nous transforme avec elle et que la lassitude c'est seulement le corps qui est bien fragile pour cette lumière et pour tout ce qu'il y avait en nous d'habitué, de possédant avec notre enfant qui se brise lentement pour un plus grand amour. Il n'y a qu'à être le plus fort que nous pouvons, avec la prière, l'amour, l'abandon, la volonté de maintenir la joie profonde du cœur.»

Le 12 avril 1940:

«Nous voici au même carrefour. Pauvres enfants aussi faibles que toujours, les jambes lasses, le cœur las et qui pleure; et la même main se met sur notre épaule et nous montre toute la misère des hommes, tous les déchirements des hommes, ceux qui haïssent, ceux qui tuent, ceux qui grimacent, et ceux qui sont haïs, ceux qui sont tués, ceux qui sont déformés par la vie et toute la dureté des propriétaires, et qui montrent ce petit enfant tout plein de nos images d'amnésie, mais qui ne nous dit si elle nous le prendra, si elle nous le rendra, mais qui en nous laissant dans l'incertitude nous dit doucement: "donnez-le moi pour eux". Et doucement ensemble cœur à cœur sans savoir s'il nous le gardera ou s'il nous le rendra, nous allons le lui donner, parce que nos pauvres mains faibles et pécheresses ne sont pas suffisantes pour le tenir et que c'est seulement si nous l'avons mis dans ses mains que nous avons quelque chance de le retrouver, que nous sommes sûrs en tous cas que ce qui ne passera pas à partir de ce moment-là sera pour nous. Voilà ça vient comme ça dans notre situation de chrétien. C'est bien joli d'être chrétien pour la force et la joie que cela donne au cœur, la transfiguration de l'amour, des amitiés, des heures, de la mort, et puis on se met à oublier la croix et la veillée des oliviers.»

Et quelques jours après, il écrit ce texte tout à fait extraordinaire:

«Tous nos désirs d'enfants résistent, se déchirent, ont mal, mais il faut bien le dire, n'est-ce pas, comme nous le sentons fortement ces jours-ci que nous entrons avec la souffrance transfigurée, l'autre est laide, pas celle-là dans notre condition d'homme. Un de mes plus extraordinaires souvenirs, c'est le visage avec lequel un jour, X m'annonça la mort de son fils qu'il savait depuis deux heures. Une sorte de joie souveraine sur un bouleversement total, et qui n'était déjà plus du bouleversement, un visage royal et d'une simplicité de petit enfant ; aucun mot sur la joie de la souffrance chrétienne ne fera comprendre comme d'avoir vu une fois un tel visage à ce point culminant de son destin. Quoiqu'il arrive, c'est ce miracle que nous pouvons faire pour notre petite fille ; pour mériter ce miracle qui viendra de toutes façons puisque nous le demandons avec bonne volonté, qu'il soit le miracle visible de la guérison ou le miracle invisible par le sacrifice d'une source infinie de grâces dont nous connaîtrons un jour les merveilles. Rien ne ressemble plus au Christ que l'innocence souffrante. »

Le 17 avril 1940 :

« Voilà comment ils aiment, voilà la lettre que m'envoie le brave Père... Je lui avais tout spécialement écrit parce qu'il a une grande fidélité à son patron saint François et un cœur débordant de générosité (la petite fille s'appelait Françoise).

Lourdes ? Lourdes ? Je suis hanté par ce nom depuis trois jours. Avoir le cœur assez simple pour se mettre en communion avec tous ceux qui ont cru à Lourdes. Civil, je crois que je ferais une folie, que je la mènerais à Lourdes pour ne pas raisonner là-dessus sans demander le miracle matériel, mais pour me mettre dans le rang et connaître la joie même de remporter une enfant toujours malade ; la joie d'avoir cru à la gratuité de la grâce de Dieu et non à son automatisme thérapeutique, la joie de savoir que le miracle n'est pas refusé à qui l'accueille à l'avance sous toutes ses formes, même sous ses formes invisibles, même sous ses formes crucifiantes, même peut-être à terme. Trouchard a raison, tu sais combien Françoise est là plus qu'un petit gosse charmant et normal. »

Et le 5 mai 1940 :

« Alors c'est le diagnostic définitif, le dernier acte est consommé. Le diagnostic se referme en face d'une encéphalite qui laissera notre petite gosse si ravagée. Il faut nous cramponner pour ne pas demander à Dieu de la reprendre... »

3 - Le scandale du mal : la liberté des hommes face à la liberté de Dieu

Nous sommes là au cœur du problème du mal, mais au cœur de ce problème transfiguré, repris, illuminé. Tout tient au passage qu'il faut faire de la souffrance, sous toutes ses formes, au mystère même de Dieu. La Bible ne biaise pas : Jérémie, Job, les Psaumes, tous crient, et d'une façon atroce, non par désir de crier, mais parce que c'est la vérité, et que la vérité crie et hurle. Job hurle de douleur, de souffrance ; il n'en peut plus, parce que le responsable semble être Dieu. Nous sommes nous-mêmes au cœur de ce débat ancien, qui existe au cœur de toute vie humaine, mais qui a pris dans le monde moderne une ampleur extraordinaire. Le mystère du mal est vraiment le grand scandale. Il est présent dans toute vie, aucune n'y échappe, et il s'agit finalement de ne pas capituler, de tout faire pour en sortir. Dans tous ces textes, en effet il y a une sorte de refus du réel, d'une situation qui apparaît comme un scandale : les cris viennent d'hommes qui se sentent prêts à jeter à Dieu leur révolte en plein visage, à le haïr même, parce qu'il laisse aller le monde comme et où il va, parce qu'il est un Dieu éloigné qui abandonne ses enfants dans cet univers glacé. Et pourtant, au-delà de tout cela, il y a la présence de l'amour : au cœur du mal, il s'agit de découvrir l'infinie présence de l'amour.

Voici un texte qui exprime très bien ce qui est en jeu dans toutes les situations de ce genre, il s'agit de « *La Nausée* », le premier roman de Sartre, qui sous une apparence simple et imagée, donne le ton de toute l'œuvre. Son personnage principal, assis sur un banc de jardin public, regarde de grandes racines d'arbres qui poussent sous le banc. Ces racines lui paraissent visqueuses, obscènes, «de trop» pour l'éternité: comme une réalité qui est là, qui s'impose, mais qui est absurde, qui n'a pas de sens. Il regarde ces racines, et il ne voit que le «trop», le «trop» pour toujours, pour l'éternité. Pourquoi est-ce là? Pourquoi n'est-ce pas là? Finalement, Roquentin sort du jardin, «se retourne et il a l'impression que le jardin avait quelque chose à lui dire. Le jardin avait envie de lui dire quelque chose. Et Roquentin tourne les talons, claque les talons et dit: "non, il n'y a rien"».

Dans cette scène, on voit se produire une rupture déterminante. L'expérience de Roquentin aboutit au refus du réel, de l'invitation qui jaillit du cœur même du réel, et qui appelle à reconnaître Dieu. Puis c'est la décision libre: Roquentin dit non. Tout le roman de Sartre — toute son œuvre pourrait-on dire — est construite sur ce même schéma. On peut comparer cela à la présence d'une goutte d'eau sur la paume de la main: il suffit d'un tout petit geste pour qu'elle coule ou ne coule pas. Le problème est le même dans nos vies humaines: c'est le problème d'un Dieu libre, qui nous crée dans la liberté et nous entraîne dans sa liberté. Si le monde est si dur, s'il pose tant de questions, si l'Evangile est si brutal, c'est tout simplement parce que la liberté des hommes se trouve face à la liberté de Dieu. Dans les textes de Job, de Jérémie, dans tout l'Evangile, au cœur même de la prière de Jésus, l'enjeu est toujours le même: il s'agit du problème de la liberté.

Prière

Seigneur, donne-nous de comprendre que le scandale du mal est au cœur de la révélation de ton amour, et qu'il faut en triompher dans l'amour, que le scandale doit devenir pour nous lumière et non pierre d'achoppement. Fais que le Christ ne soit pas pour nous objet de scandale, comme il le dit à plusieurs reprises dans l'Evangile. Qu'il soit pour nous celui qui éclaire la route, qui nous fait pénétrer dans le mystère de Dieu, qui nous illumine afin que nous comprenions nos frères dans la souffrance. Que nous ne soyons pas des gens qui font la morale à ceux qui sont dans la difficulté, mais que nous sachions nous effacer devant le malheur des autres, et être auprès d'eux comme des frères.

Seigneur, apprends-nous à être près de toi, à demeurer près de toi dans la lumière, à ne pas nous laisser scandaliser par ce que nous voyons ou lisons chaque jour.

Seigneur, apprends-nous à prier en laissant la Parole briser en nous ce qui est à briser, notre sécurité.

Seigneur, viens briser notre cuirasse, rends-nous sensibles à ton amour, à ta vérité, brise en nous ce qui est à briser, broie en nous ce qui est à broyer, afin que nous te rencontrions vraiment.

Seigneur, apprends-nous à te rencontrer au cœur d'un monde qui apparaît souvent comme scandaleux et absurde, mais dans lequel nous, chrétiens, sommes appelés à donner sens à cette question-clef.

Seigneur, apprends-nous à habiter ta Parole, cette Parole si décapante qui nous est adressée à travers certaines réalités. Emmanuel Mounier l'a reçue à travers la maladie de sa petite fille: cette enfant était la Parole qui lui fut adressée. Il lui fallut la recevoir, l'accueillir comme une hostie vivante, une hostie au-delà de toute expression, une réalité dépourvue de parole mais qui est elle-même toute parole. Oui, Seigneur, ta Parole nous entraîne vers la vérité par des chemins insensés et déroutants.

Entrons dans la profondeur du mystère de Dieu, écoutons sa Parole, laissons-la mûrir en nous et répondre aux questions qu'elle nous pose à travers les événements et les rencontres de notre vie.

Laissons-nous transpercer par la Parole lumineuse, pleine de vérité et de joie, du Seigneur, car nous savons bien que toi, Seigneur, tu es joie, tu donnes la joie, mais une joie que ne connaît pas le monde, la joie que toi seul a connue dans la passion, la joie de la croix, la joie dans l'Amour, la joie qui est entre le Père, le Fils et l'Esprit.

Première partie

LA RENCONTRE DE DIEU DANS LA NUIT

Chapitre I

Un feu dévorant: Jérémie

1 - La vocation de Jérémie: le feu de la Parole qui dévore tout son être

Jérémie est l'un des plus grands prophètes, considéré par toute la tradition comme la préfiguration du Christ. Il a vécu vers 630 avant Jésus Christ, un siècle après le premier Isaïe.

Jérémie est l'homme de foi par excellence, l'homme qui a vraiment engagé sa vie sur la Parole de Dieu. Mais c'est aussi l'homme qui est scandalisé par le mal jusqu'au tréfonds de lui-même.

« Maudit soit le jour où je suis né ! Le jour où ma mère m'enfanta, qu'il ne soit pas béni ! Maudit soit l'homme qui annonça à mon père cette nouvelle " Un fils, un garçon t'est né ! " et le combla de joie. Que cet homme soit pareil aux villes que Yahvé a renversées sans pitié ; qu'il entende le cri d'alarme au matin et le cri de guerre en plein midi, car il ne m'a pas fait mourir dans le sein : ma mère eût été mon tombeau et ses entrailles toujours en travail ! Pourquoi donc suis-je sorti du sein ? Pour vivre peine et tourment et finir mes jours dans la honte [1]. »

Tel est donc Jérémie : un homme qui crie sa souffrance devant son destin absolument inouï, celui d'un homme livré à la Parole et qui ne reçoit que malheur : « Maudit soit le jour où je suis né. » La seule solution eût été de ne jamais naître ; la seule perspective, c'est de vivre peine et tourment et de finir ses jours dans la honte.

Au moment même où il maudit, Jérémie se sent dans une solitude terrible. « Jamais je ne m'asseyais joyeux dans une réunion de rieurs ; sous l'emprise de ta main je me suis tenu seul, car tu m'avais empli de colère. Pourquoi ma souffrance est-elle continue, ma blessure incurable, rebelle aux soins ? Ah ! serais-tu pour moi comme un ruisseau trompeur aux eaux décevantes ? [2] »

Chez lui, le scandale du mal va jusqu'au cœur même du mystère de Dieu. Il a été choisi par Dieu comme prophète : « Je me suis tenu seul, je me suis tenu à l'écart, à l'écart de tous... » Alors, Dieu serait-il pour lui un « ruisseau trompeur » ? Vous mesurez l'ampleur du blasphème ! Dieu est celui qui déçoit, un « ruisseau trompeur aux eaux décevantes » comme ces torrents d'Asie et du Moyen-Orient qui disparaissent tout à coup. La mission reçue

1. Jérémie 20, 14-18.
2. Jérémie 15, 17-18.

par Jérémie l'oblige à vivre à l'écart de tous, et ceci d'autant plus qu'il vit dans une période politique extrêmement troublée, marquée par une lutte entre la Chaldée, Nabuchodonosor et l'Egypte, dans laquelle Israël est pris en tenaille. Or, Israël choisit finalement l'Egypte, et Jérémie va devoir annoncer de la part de Dieu le malheur : Israël se trompe et court à la catastrophe. Mais personne ne l'entend.

Jérémie est l'homme le plus tendre, le plus sensible qui soit : tous ses écrits révèlent un homme qui a besoin d'affection, qui ne demande qu'à être aimé. Or, Dieu l'a choisi pour annoncer le malheur. Prenons le texte qui rapporte sa vocation :

« La Parole du Seigneur s'adressa à moi : "Avant de te façonner dans le sein de ta mère, je te connaissais ; avant que tu ne sortes de son ventre, je t'ai consacré ; je fais de toi un prophète pour les nations". Je dis : "Ah ! Seigneur Dieu, je ne sais parler, je suis trop jeune". Le Seigneur me dit : "Ne dis pas, je suis trop jeune. Partout où je t'envoie, tu y vas, tout ce que je te commande, tu le dis ; n'aie peur de personne, je suis avec toi pour te libérer, oracle du Seigneur". Le Seigneur avançant la main, toucha ma bouche, et le Seigneur me dit : "Ainsi je mets mes paroles dans ta bouche. Sache que je te donne aujourd'hui autorité sur les nations et sur les royaumes, pour déraciner et renverser, pour ruiner et démolir, pour bâtir et planter" [3]. »

Telle est donc la mission terrible confiée à Jérémie ! Rappelons-nous la vocation d'Isaïe : Dieu demande à Isaïe d'être prophète, et Isaïe répond : « Malheur à moi, je suis perdu ! car je suis un homme aux lèvres impures » [4]. Cet homme est appelé comme

---

3. Jérémie 1, 4-10.
4. Isaïe 6, 5.

prophète et, à ce titre, il va être amené à prendre position contre ses parents (il est d'une famille sacerdotale), contre les rois, contre les prêtres, contre les faux prêtres, contre tout le peuple. Bien plus encore, Dieu lui demande de ne pas se marier, ce qui est impensable dans la tradition d'Israël, car c'est la pire des opprobres. Mais l'intention divine est de montrer, à travers la solitude du prophète, la solitude de Jérusalem, et sa détresse effrayante.

2 - Jérémie : un prophète gêneur, incompris et persécuté

Jérémie, cet homme sensible qu'un rien bouleverse, a donc la vocation tout à fait paradoxale d'être un homme de discorde et de querelle pour tout le pays.

« Le Seigneur Dieu m'en a averti : je fus renseigné ! C'est alors, Yahvé, que tu m'ouvris les yeux sur leurs manœuvres. Et moi j'étais comme un agneau confiant qu'on mène à l'abattoir, ignorant ce qu'ils tramaient contre moi : "Détruisons l'arbre dans sa vigueur, arrachons-le de la terre des vivants, qu'on ne se souvienne plus de son nom !" Mais toi, Yahvé Sabaot, qui juges avec justice, qui scrutes les reins et les cœurs, puissé-je voir la vengeance que tu tireras de ces gens, car c'est à toi que j'ai remis ma cause [5]. »

Constamment menacé de mort, Jérémie termine sa vie en Egypte, emmené par ses adversaires. A un moment donné, on finit par perdre sa trace. Son destin est celui d'un homme lucide sur la situation d'Israël, mais incompris, qui sera finalement emmené captif et disparaîtra. C'est l'agneau confiant qu'on mène

5. Jérémie 11, 18-20.

à l'abattoir (ce texte est repris pendant la Semaine Sainte), l'homme ignorant de ce qui se trame contre lui.

3 - Les Confessions de Jérémie: une entrée inouïe dans le mystère d'amour de Dieu

Nous avons la chance de posséder les «Confessions» de Jérémie: un ensemble de textes dans lesquels il dit sa relation à Dieu. Dieu a mis la main sur lui, et il a conscience que la Parole de Dieu lui est adressée. Il sait qu'il est le «veilleur». Le veilleur c'est l'amandier (en hébreu le même terme signifie à la fois veilleur et amandier) qui guette le printemps pour fleurir le premier. Il évoque Dieu toujours en éveil.

«La Parole de Yahvé me fut adressée en ces termes: que vois-tu Jérémie? Je répondis, je vois une branche d'amandier. Alors Yahvé me dit: Tu as bien vu, car je veille sur ma parole pour l'accomplir.»

Jérémie est l'homme de cette parole, celui qui veille sur Israël [6]. On peut lire dans ses «Confessions» un passage qui exprime tout le mystère de sa vocation:

«Tu m'as séduit, Yahvé, et je me suis laissé séduire; tu m'as maîtrisé, tu as été le plus fort. Je suis prétexte continuel à la moquerie, la fable de tout le monde. Chaque fois que j'ai à parler, je dois crier et proclamer "Violence et dévastation!" La Parole de Yahvé a été pour moi source d'opprobre et de moquerie tout le jour. Je me disais: "Je ne penserai plus à lui, je ne parlerai plus

6. *Cf.* Jérémie 1, 11-12; 11, 18-23; 12, 1-6; 15, 10-20; 17, 14-18; 20, 7-13; 20, 14-18.

en son Nom" ; mais c'était en mon cœur comme un feu dévorant, enfermé dans mes os. Je m'épuisais à le contenir, mais je n'ai pas pu. J'entendais les calomnies de beaucoup : terreur de tous côtés ! Dénoncez ! Dénonçons-le ! Tous ceux qui étaient en paix avec moi guettaient ma chute : "Peut-être se laissera-t-il séduire ? Nous serons plus forts que lui et tirerons vengeance de lui !" Mais Yahvé est avec moi comme un héros puissant ; mes adversaires vont trébucher, vaincus : les voilà tout confus de leur échec ; honte éternelle, inoubliable. Mais toi, Yahvé Sabaot, qui scrutes le juste et vois les reins et le cœur, je verrai la vengeance que tu tireras d'eux, car c'est à toi que j'ai remis ma cause. Chantez Yahvé, louez Yahvé, car il a délivré l'âme du malheureux de la main des malfaisants [7]. »

Ce texte commence par un récit de séduction que la *Traduction Œcuménique de la Bible* (TOB) traduit ainsi : « Seigneur, tu as abusé de ma naïveté. Oui, j'ai été bien naïf. Avec moi, tu as eu recours à la force et tu es arrivé à tes fins. A longueur de journée, on me tourne en ridicule, tous les gens se moquent de moi. »

Ce qui marque en premier la vie de Jérémie et qui rend le mal insupportable pour lui, c'est que le Seigneur l'a séduit, qu'il a « abusé de sa naïveté ». En disant oui au Seigneur, il n'était pas conscient de ce que cela impliquait. Au fond de lui-même, il ne veut pas être prophète, mais il ne peut pas ne pas crier, ne pas dire à Israël ce qui va se passer. Il annonce le malheur et, à cause de cela, il est continuellement en butte à la moquerie, à la raillerie. Sa mission est d'annoncer violence, ruine et répression.

Nous saisissons le motif du scandale : la Parole du Seigneur « est pour moi opprobre et raillerie tout le jour. Je me disais, je ne

7. Jérémie 20, 7-13.

penserai plus à lui, je ne parlerai plus en son nom. Alors c'était en mon cœur, comme un feu dévorant, enfermé dans mes os, je m'épuisais à le contenir, je ne pouvais le supporter».

Telle est la vie de Jérémie : celle d'un homme brûlé par la Parole de Dieu qui habite son cœur : Dieu est en lui comme un feu brûlant, dévorant, dévastateur, un feu enfermé dans ses os. Ce n'est pas là une image, une sorte de majoration, mais le drame d'un homme plein d'affection pour Israël sur qui il est chargé de veiller, et qui doit sans cesse lui annoncer la ruine, le malheur. Prophète malgré lui, il entend crier de partout : «dénoncez, dénonçons-le ! », «peut-être se laissera-t-il séduire, nous le vaincrons, nous tirerons vengeance de lui».

Mais il vit ce drame dans une confiance absolue. Quand ils le voient brisé, broyé, ses adversaires croient qu'il va trébucher et tomber. Mais Jérémie a une certitude : «Yahvé le Seigneur est avec moi comme un héros puissant, mes adversaires vont trébucher vaincus. Les voilà tout confus de leur échec, honte éternelle, inoubliable.»

Alors même qu'il crie, il clame sa foi : il sait que le héros puissant, c'est son Seigneur, et il attend la vengeance que Dieu tirera de ses ennemis : «C'est à toi que j'ai remis ma cause.» Mais cela ne l'empêche pas de crier son profond désarroi. Dieu le met contre son gré dans une situation impossible, invraisemblable, et il a l'impression d'être berné. Mais en même temps, il est habité par cette confiance, cette certitude inouïe : Dieu délivre l'âme du pauvre de la main des malfaisants. C'est là le fond du mystère de Dieu.

Tout au long de l'histoire d'Israël, on va méditer la vie de Jérémie, cet homme qui échoue en tout, qui voit la première chute d'Israël, mais non sa ruine définitive, et qui ne verra pas les résultats de sa prédication. Il devient le modèle des «anawim»: ces pauvres qui n'ont d'autre cause à défendre que celle de Dieu et qui s'en remettent à lui totalement. Jérémie est lui-même un pauvre au sens biblique du mot, c'est-à-dire un homme qui n'a d'autre appui que Dieu. Mais c'est le Dieu d'Israël, un Dieu qui ne laisse personne tranquille, qui pénètre dans la vie des hommes et, tel une vrille, transperce leur cœur.

Les «Confessions» de Jérémie ont cette particularité étonnante d'être un véritable chant d'action de grâces dans une détresse à la fois éperdue et triomphante.

La Parole de Dieu remet constamment le prophète en question. «La Parole du Seigneur s'adressa à moi», est une expression qui revient fréquemment. C'est la seule certitude de Jérémie: parmi tous les prophètes qui vivaient alors en Israël, et dont il nous donne le nom, le Seigneur a choisi de s'adresser à lui. Il sait que Dieu parle par lui, et quand cette parole lui est adressée, il la dévore, elle le rejouit [8]. Mais c'est une parole dévastatrice: «Mon cœur en moi est brisé, je tremble de tous mes membres. Je suis comme un homme ivre, comme quelqu'un que le vin a dompté, à cause de Yahvé et de ses paroles saintes [9].» L'image du vin doux de la Pentecôte, de la «sobria ebrietas» (l'ébriété sobre), comme disent les Anciens, n'est pas nouvelle. Il s'agit de l'ivresse que le Seigneur donne par sa Parole qui va jusqu'au tréfonds des cœurs. «Ma parole ne brûle-t-elle pas comme un feu? N'est-elle pas comme un marteau qui pilonne le roc? [10]» Paul dira qu'elle pénètre jusqu'au cœur, jusqu'à la moëlle, qu'elle agit jusqu'aux jointures mêmes.

---

8. *Cf.* Jérémie 15, 16.
9. *Cf.* Jérémie 23, 9.
10. Jérémie 23, 29.

Jérémie emploie volontairement des images brutales. Il a prédit l'exil dont il connaîtra le désastre. Il sait que la politique qui a conduit Israël à choisir l'Egypte est aberrante, même si elle est profitable à court terme. Son don de prophétie le rend tout à fait lucide sur ce qui va se passer pour Israël et il le crie de toutes ses forces, sans être écouté. Il est le solitaire par excellence, le solitaire qui prédit le désastre d'Israël. Il sait que cette parole agira, triomphera, mais il va y laisser sa vie : incarcéré, entraîné malgré lui vers l'Egypte, il finira ses jours dans une terre lointaine. Nul ne gardera le souvenir de sa tombe, ce qui, pour la mentalité juive de l'époque, constituait une véritable infamie.

La Parole du Seigneur semble parfois l'abandonner. A certains moments, elle se fait rare, au point qu'il lui arrive de devoir l'attendre, parce qu'elle ne vient pas [11]. Elle est devenue la clef, le centre de toute sa vie. Dieu intervient à chaque instant pour le plonger au cœur même des événements alors que ses compatriotes se livrent à toutes sortes de spéculations politiques. Pourtant, il ne cesse d'intercéder pour ses semblables, et même pour ses adversaires : il les aime et veut leur salut [12].

Pourquoi connaît-il alors le triste sort d'un solitaire, d'un incompris, d'un inadapté, d'un éternel révolté ? Toutes les fois où il pose ces questions, il n'obtient aucune réponse, aucune explication, aucune justification. Il lui est demandé d'annoncer la Parole ; il a simplement à vouloir encore plus fortement ce que Dieu veut et que sa Parole soit encore plus percutante [13]. Pour dissiper les doutes intérieurs qui l'assaillent, il ne lui reste plus que l'absurde certitude que c'est vraiment le Dieu vivant qui lui parle.

---

11. Jérémie 42, 7.
12. Jérémie 18, 20 ; 14, 13 ; 17, 16.
13. Jérémie 15, 19.

Pendant toute l'histoire du peuple d'Israël, les textes de Jérémie seront inlassablement repris et commentés. Les Juifs les auront toujours avec eux pendant ces voyages dramatiques qu'a connus Israël, pendant l'exil et la déportation.

Le Seigneur a montré en Jérémie ce qu'était le triomphe de la mort. Non pas une réussite humaine, mais la réussite de la Parole de Dieu, réussite étonnante et déconcertante. Jérémie est d'une tendresse infinie envers ses ennemis, il prie pour eux, alors même qu'il crie sa détresse et va jusqu'à dire : « Maudit soit le jour où je suis né. » Il est le premier à avoir lancé un cri d'une telle violence, un cri qui ne s'éteindra plus.

En même temps, à travers cette malédiction et cette révolte apparente, se produit en Jérémie la prise de conscience que Dieu est une personne : Jérémie rencontre Dieu, il le découvre, mais sous un visage déconcertant, inouï, un visage de blessure. Dieu blesse et il blesse à jamais ; il blesse à mort.

Ce qui est fondamentalement en jeu derrière la question que pose Jérémie : « Ne serais-tu pas pour moi comme un ruisseau aux eaux décevantes ? », c'est toute la conception même du mystère de Dieu. Dieu serait-il un Dieu qui se rit des hommes ? Nous nous trouvons ici au cœur du problème du mal, vu à travers un homme qui amplifie en quelque sorte l'angoisse, mais qui la découvre comme triomphante dans le Seigneur. Lui qui a souhaité être mort le jour où il est né, qui n'a pas cessé d'être persécuté, qui crie sa détresse, a une confiance éperdue en Dieu. Il a remis sa cause à Dieu, car il sait que Dieu triomphe, et que le mal est vaincu. Finalement, cet homme qui a été tellement éprouvé, brisé, qui a senti la Parole de Dieu comme un marteau qui pilonne le roc, c'est le même qui découvre la religion du cœur. On peut parler ici véritablement d'« invention ». Oui, Jérémie a inventé la religion du cœur, c'est-à-dire ce dialogue, cette rencontre avec Dieu, qui annonce ce qui se passera dans le Nouveau Testament, quand Dieu «écrira avec le Saint-Esprit sur nos cœurs» [14]. Saint Jean le reprendra en disant que les chrétiens n'ont plus rien à connaître puisqu'ils connaissent déjà tout [15], et saint Paul dira aux premières communautés: «Vous êtes manifestement une lettre du Christ remise à nos soins, écrite non avec de l'encre, mais avec l'Esprit du Dieu vivant, non sur des tables de pierre, mais sur des tables de chair, sur les cœurs [16].»

14. Jérémie 31, 33.
15. I Jean 2, 20-27.
16. II Cor. 3, 3.

Prière

Demandons au Seigneur de nous entraîner dans cette découverte du cœur, et en premier lieu, d'avoir le courage de lire Jérémie. C'est un choc, mais un choc bienfaisant! C'est une histoire d'amour, et une histoire d'amour, c'est toujours tragique. Il s'agit de la liberté de l'homme et de la liberté de Dieu. C'est donc une histoire d'amour dans laquelle nous avons à entrer. Laissons-nous séduire par Dieu, « tu m'as séduit, Seigneur et je me suis laissé séduire », sois dans mon cœur comme un feu dévorant.

Demandons au Seigneur de nous en remettre à sa toute-puissance d'amour. Remettons notre cause entre les mains de Dieu. Qu'il fasse de nous des pauvres livrés à la Parole de Dieu. Si un jour des paroles de révolte nous en ont empêchés, n'en soyons pas scandalisés. Si nous voyons des hommes révoltés, n'en soyons pas scandalisés. La Parole de Dieu peut être occasion de scandale. Jérémie le premier nous en a montré l'exemple.

Demandons au Seigneur d'être fidèles, fidèles à sa Parole, de ne pas nous laisser scandaliser par le mal, mais d'en triompher dans la droiture et la vérité, dans la lumière de Dieu. C'est lui qui défend notre cause, nous n'avons pas besoin d'autre défenseur, nous n'avons pas d'autre appui que la Parole de Dieu.

Laissons la Parole de Dieu nous envelopper de sa tendresse. Alors tout sera merveilleux parce que le Seigneur est là. Oui, Jérémie est la préfiguration de Jésus-Christ. Laissons-nous prendre par le Seigneur, il nous aime, cela nous suffit.

Chapitre 2

Job mis en question dans un incompréhensible dialogue avec Dieu

Le livre de Job représente l'impossible dialogue de l'homme avec Dieu, la difficile rencontre entre Dieu et l'homme. C'est un des textes les plus extraordinaires de la littérature universelle, un texte d'une déréliction assez étonnante et en même temps d'une très grande poésie. A travers lui, ce sont le cœur de l'existence humaine et le cœur du mystère de Dieu qui sont en jeu. On y saisit la découverte de la transcendance de Dieu, de son caractère indicible, ineffable, et la question qui, finalement, se pose à Job est la suivante: pourquoi Dieu fait-il agoniser les hommes qui se confient en lui, qui ne cherchent qu'à l'adorer de tout leur être?

Le scandale de Job, c'est le scandale du mal au cœur même de la foi. Non pas d'un point de vue extérieur, comme chez Jérémie, qui est «happé», pris par le Seigneur, et qui en même temps, éclate de douleur et de souffrance. Jérémie préfigure en quelque sorte le mystère du Christ. Mais, chez Job, apparaît un désespoir qui rejoint celui de Jérémie et qui va creuser beaucoup plus profond le cœur de l'homme jusqu'à faire jaillir des étincelles absolument étonnantes, signes d'une souffrance qui n'a pas d'égale.

Le livre de Job, que nous lirons dans la traduction de la TOB, crie de douleur, de souffrance et d'atrocité. Mais en même temps, il est rempli d'une étonnante tendresse pour Dieu.

1 - Le désespoir de Job

Le désespoir de Job, est celui d'un homme qui, devant l'échec de sa vie, ne désire que la mort : «Ils seraient transportés de joie, ils seraient en liesse s'ils trouvaient un tombeau.»

Au cœur de cet appel de Job, il y a le cri d'un homme qui a pourtant été protégé par le Seigneur : «C'est lui que Dieu protégeait comme un enfant» ; il se sentait enveloppé par Dieu. Puis la souffrance, la maladie, la présence de la mort sont venues et devant elles, Job n'a plus qu'un désir, mourir.

La Bible ne s'étonne pas de ce que certains pourraient prendre pour une sorte de blasphème : il y a comme une connivence entre Job qui clame son innocence et Dieu. Nous ne croyons pas que cela élimine pour autant le problème. Cela ne fait au contraire que le décupler. Quand Job dit : «Périsse le jour où j'allais être enfanté et la nuit qui a dit : un homme a été conçu», c'est la demande d'un homme qui a une foi profonde, qui croit en Dieu et en l'Alliance, mais qui ne comprend plus, et pense que toutes les réponses qu'on lui donne ne sont pas les vraies. Ses amis se comporteront comme des traîtres. Au cœur de la maladie, de la médisance et de la calomnie, l'homme expérimente le rejet et la solitude. Ecoutons Job :

«Périsse le jour où j'allais être enfanté
  et la nuit qui a dit : "Un homme a été conçu !"
Ce jour-là, qu'il devienne ténèbres,
  que de là-haut, Dieu ne le convoque pas,
  que ne resplendisse sur lui nulle clarté.

Pourquoi ne suis-je pas mort dès le sein ?
  A peine sorti du ventre, j'aurais expiré.
Pourquoi donc deux genoux m'ont-ils accueilli,
  pourquoi avais-je deux mamelles à téter ?
Désormais, gisant, je serais au calme,
  endormi, je jouirais alors du repos,
avec les rois et les conseillers de la terre,
  ceux qui rebâtissent pour eux des ruines,
ou je serais avec les princes qui détiennent l'or,
  ceux qui gorgent d'argent leurs demeures,
ou comme un avorton enfoui je n'existerais pas,
  comme les enfants qui ne virent pas la lumière.

Là, les méchants ont cessé de tourmenter,
  là, trouvent repos les forces épuisées.
Prisonniers, tous sont à l'aise,
  Ils n'entendent plus la voix du garde-chiourme.
Petit et grand, là, c'est tout un,
  et l'esclave y est affranchi de son maître.

Pourquoi donne-t-il la lumière à celui qui peine,
et la vie aux ulcérés ?
Ils sont dans l'attente de la mort, et elle ne vient pas
ils fouillent à sa recherche plus que pour des trésors.
Ils seraient transportés de joie,
ils seraient en liesse s'ils trouvaient un tombeau.
Pourquoi ce don de la vie à l'homme dont la route se dérobe ?
Et c'est lui que Dieu protégeait d'un enclos !

Pour pain, je n'ai que mes sanglots,
ils déferlent comme l'eau, mes rugissements.
La terreur qui me hantait, c'est elle qui m'atteint,
et ce que je redoutais m'arrive.
Pour moi, ni tranquillité, ni cesse, ni repos.
C'est le tourment qui vient [1]. »

Job, entouré d'amis, a expérimenté cet éloignement de tous ceux qu'il aimait. Parmi eux, certains sont venus lui faire la leçon, tels Eliphaz et ses amis qui tiennent ce langage à Job : « Si tu étais fidèle, cela ne te serait pas arrivé. Tu sais bien que dès qu'on est fidèle à Dieu, le bonheur vient... » Et la conclusion s'impose de façon logique... Ce discours est tenu au nom de l'affection, mais avec une effroyable dureté et une totale incompréhension.

On voit se dérouler tout au long du livre de Job ce dialogue invraisemblable entre Job et ses amis. Job se défend pied à pied, et ses amis ne cessent de l'attaquer de toutes parts en lui rappelant ce qu'il sait bien : l'alliance est là, Dieu est là.

---

1. Job 3, 3-4 et 11-26.

2 - Dieu apparaît à Job comme un Dieu terrifiant, qui ne cesse de briser l'homme

Il faut remarquer la façon dont Job parle de Dieu : Dieu est vraiment l'ennemi, celui qui brise et détruit sa créature : « Dieu m'a livré aux caprices d'un gamin, il m'a jeté en proie à des crapules. J'étais au calme, il m'a bousculé. » Les formules sont d'une vigueur étonnante : « Il m'a saisi par la nuque et disloqué, il m'a dressé pour cible. » C'est l'impression qu'éprouve l'homme au fond du malheur et de la révolte.

Sans cesse, des flèches le pénètrent : « Il ouvre en moi brèche sur brèche, fonce sur moi, tel un guerrier. » Et toujours revient ce leitmotiv : « Et pourtant il n'y avait pas de violence en mes mains et ma prière était pure. »

Job n'a cessé de se vouloir juste ; il peut clamer son innocence, et Dieu est encore plus incompréhensible. Job ne peut pas dire : « c'est parce que j'ai péché que Dieu m'a fait cela ». Il est obligé de dire : « c'est parce que je suis innocent », ou encore : « Avec une grande force, il m'a pris par le vêtement, serré au col de ma tunique. Il m'a jeté dans la boue, je suis comme poussière et cendre [2]. » Et, plus terrible encore, ce Dieu auquel croit Job, qui le jette dans la boue, le transperce de ses flèches, et l'a pris pour cible, est un Dieu qui ne répond pas : « Je hurle vers toi, et tu ne réponds pas. »

Parce qu'il voulait faire le bien, Job s'attendait à être récompensé. Rien de plus, mais rien de moins. Il s'attendait à ce que

---

2. Job 30, 18-19.

Dieu se penche sur lui, comme il s'était penché sur le cœur des pauvres, et il découvre que Dieu semble totalement indifférent : apparemment, Dieu ne s'intéresse pas à tout cela. Job est alors enveloppé de la plénitude du malheur : « Quand j'espérais le bonheur, c'est le malheur qui survint, je m'attendais à la lumière, l'ombre est venue. »

Nous sommes là au cœur même du drame de l'humanité, consciente de la présence de Dieu, mais d'un Dieu qui paraît lointain, inaccessible, dont il ne sert à rien d'invoquer la miséricorde. Il n'y a que mort et souffrance :

« Je hurle vers toi, et tu ne réponds pas.
  Je me tiens devant toi, et ton regard me transperce.
Tu t'es changé en bourreau pour moi,
  et de ta poigne tu me brimes.
Tu m'emportes sur les chevaux du vent
  et me fait fondre sous l'orage.
Je le sais : tu me ramènes à la mort,
  le rendez-vous de tous les vivants.
Mais rien ne sert d'invoquer quand il étend sa main,
  même si ses fléaux leur arrachent des cris.
Pourtant, n'ai-je point pleuré avec ceux qui ont la vie dure ?
  Mon cœur ne s'est-il pas serré à la vue du pauvre ?
Et quand j'espérais le bonheur, c'est le malheur qui survint.
  Je m'attendais à la lumière... l'ombre est venue.

Mes entrailles ne cessent de fermenter,
  des jours de peine sont venus vers moi.
Je marche bruni, mais non par le soleil.
  En pleine assemblée, je me dresse et je hurle.
Je suis entré dans l'ordre des chacals
  et dans la confrérie des effraies.

Ma peau noircit et tombe,
  mes os brûlent et se dessèchent.
Ma harpe s'accorde à la plainte,
  et ma flûte à la voix des pleureurs [3]. »

Job, qui est un grand malade, n'en peut plus de souffrance, surtout de souffrance morale. « Il a été livré, il a été couvert d'ulcères », il est aux portes de la mort. Et pourtant, malgré cela, au cœur de tout cela, il croit en un Dieu qu'il ne rencontre pas, et qu'il ne peut pas trouver, parce que Dieu semble tout faire pour que Job ne le trouve pas : Dieu se comporte comme un espion. Cela nous rappelle ce texte de Nietzsche, dans *Zarathoustra*, où Nietzsche voit l'œil de Dieu comme un œil qui pétrifie et empêche l'homme d'être un homme. On ressent la même impression devant Job devenu la cible de Dieu, et qui tient ces propos : « Quand cesseras-tu de m'épier ? Me laisseras-tu avaler ma salive ? Ai-je péché ? Qu'est-ce que cela te fait, espion de l'homme ? Pourquoi m'avoir pris pour cible ? En quoi te suis-je à charge ? Ne peux-tu supporter ma révolte, laisser passer ma faute ? Car déjà me voici gisant en poussière. Tu me chercheras à tâtons : j'aurai cessé d'être [4]. »

Le drame de Job est celui d'un homme qui perçoit Dieu comme un véritable agresseur : Dieu prend les hommes pour cible au plus profond d'eux-mêmes et les fait crier sous la souffrance, comme s'il était un Dieu sadique, un Dieu pourvoyeur du malheur.

3. Job 30, 20-31.
4. Job 7, 19-21.

3 - La douloureuse relation de Job avec Dieu

Pourquoi Dieu s'occupe-t-il d'un pauvre homme comme Job ? Pourquoi Job a-t-il l'impression qu'il ne peut pas faire un pas, un mouvement sans que Dieu soit là, à l'espionner ?

Au fond, Job voudrait entamer un dialogue avec Dieu, il voudrait discuter pied à pied, et il se rend compte que ce n'est pas possible. Sa recherche de dialogue avec Dieu est douloureuse, parce qu'il ne peut en être autrement : Dieu est trop grand, et l'homme est trop petit. « Pourquoi donc m'as-tu fait sortir du ventre ? J'expirais. Aucun œil ne m'aurait vu. Je serais comme n'ayant pas été, du ventre à la tombe on m'eût porté [5]. »

La situation est d'autant plus douloureuse que Job a connu des jours heureux avec Dieu. Dans la nuit où il se débat, le souvenir de ces jours heureux est encore plus insupportable que tout le reste : « L'oreille qui m'entendait me disait heureux, l'œil qui me voyait me rendait témoignage. Car je sauvais le pauvre qui crie à l'aide, et l'orphelin sans secours. La bénédiction du mourant venait sur moi, et je rendais la joie au cœur de la veuve. Je revêtais la justice, c'était mon vêtement. Mon droit me servait de manteau et de turban. J'étais devenu les yeux de l'aveugle, et les pieds de l'impotent, c'était moi. Pour les indigents, j'étais un père, la cause d'un inconnu, je la disséquais. Je brisais les crocs de l'injustice, et de ses dents, je faisais tomber ma proie. Je me disais : Quand j'expirerai dans mon nid, comme le phénix je multiplierai mes jours [6]. »

---

5. Job 10, 18-19.
6. Job 29, 11-18.

Job a réellement fait le bien, tel que l'Ecriture le demande: sauver le pauvre qui crie à l'aide, l'orphelin sans secours, se pencher sur le mourant, rendre justice à la veuve, se revêtir de justice, être les yeux de l'aveugle, les pieds de l'impotent, un père pour les indigents. Or la Bible dit: «quand on fait le bien, on reçoit le bien».

Job est scandalisé. Ses amis lui disent: «Tu te trompes complètement de route. Il y a en toi un péché que tu ne connais pas.»

L'aspect le plus atroce de la maladie, c'est de se dire qu'il y a quelque chose qu'on ne connaît pas et dont on est responsable. Job est mis en question au plus profond de lui-même: «Si le malheur t'arrive, c'est bien de ta faute. Réfléchis bien, tu n'as pas su regarder. Tu te targues de ta justice, mais ta justice ne tient pas, il y a un péché quelconque qui est là derrière, caché, dissimulé.»

Pourtant Job ne se laisse pas prendre à ce stratagème. Ses amis ont une idée de Dieu très conventionnelle: le Dieu de la rétribution, qui rend le bien pour la justice et à celui qui fait justice. Ils ne mettent pas en doute le verset du psaume: «Je n'ai jamais vu de juste dans le malheur.» Mais Job est la preuve vivante du contraire. Il le crie de toutes ses forces.

Son drame est celui de l'innocent qui veut rester fidèle à son Dieu et qui, pourtant, se sent rejeté. Avec une opiniâtreté incroyable, Job tient constamment ces deux pôles: l'innocence et la fidélité. Mais qu'a-t-il fait à Dieu pour qu'il en soit ainsi? Il ne le sait pas. Alors que lui reste-t-il?...

Il ne lui reste qu'à s'adresser directement à Dieu et à le mettre en question, à lui demander des comptes: «Qui me donnera quelqu'un qui m'écoute? Voilà mon dernier mot. "Au Puissant de me répondre!" Quant au réquisitoire écrit par mon adversaire, eh bien, je le porterai sur mon épaule, je m'en parerai comme d'une couronne. Oui, je lui rendrai compte de mes pas, je lui ferai un accueil princier [7]!»

Job a besoin de quelqu'un qui l'écoute et ce «quelqu'un» ne peut être que Dieu, car lui seul peut répondre. La seule question que Job veut poser à Dieu, est fondamentale: Que fait-il dans ce monde? Quelle est cette Alliance à laquelle il ne cesse de demander qu'on se réfère et qui aboutit au désastre d'un homme qui crie sa révolte, dont les jours heureux, les jours où Dieu était proche, ne sont autres que des jours de malheur.

La conscience qu'a Job d'être innocent ne fait qu'ajouter à son mal: il se sent fidèle et c'est au cœur de sa foi que se situe le mal. Une question monte en lui, terriblement dramatique: Dieu serait-il la cruauté même, celui qui veut le malheur de ses fidèles? Quel est donc ce Dieu qui prend plaisir à mutiler ses victimes?

Lorsque nous pensons à Dieu, nous avons en nous des images de cruauté, de sadisme, des phantasmes qui rôdent dans nos imaginations. Dieu serait la cruauté même, puisqu'il permet un monde aussi dramatique.

C'est au cœur de cette foi que se situe le drame: Quel est le cœur de ce Dieu? Telle est la seule question vraiment importante.

---

7. Job 31, 35-37.

4 - Le drame du mal ne peut se vivre qu'au cœur du mystère de Dieu

Pourtant la réponse viendra. Car Dieu se manifestera à Job, mais en le réduisant au silence, pour qu'il s'en remette simplement à Dieu, sans rien chercher d'autre. Le débat de Job met en jeu le cœur même du mystère de Dieu : comment Dieu peut-il être Dieu et agir comme Il le fait dans le monde ?

Cependant, Job pose cette question en gardant au fond du cœur une confiance inaltérable, et Dieu comprend : au chapitre 19, où Job semble être assiégé par Dieu, celui-ci ne lui reproche pas sa révolte. Ce que Job met en cause, ce sont les propos tenus par ses amis, mauvais théologiens, qui lui font de belles théories sur le mal et la souffrance, sur le malheur qui s'est abattu sur lui. Alors éclatent chez Job des cris de détresse : il voit la fausseté des propos qu'ils lui tiennent, et invoque Dieu qu'il cite à la barre : «Je m'adresserai à Dieu, c'est à Dieu que j'exposerai ma cause.»

Ses amis l'accusent, alors qu'il est usé, fatigué, ulcéré, et Job sent bien qu'il lui faut dépasser l'image d'un Dieu qui rétribue, même s'il est vrai qu'il rend le bien à ceux qui font le bien. S'il en reste là, Job ne peut plus avancer. Ils pressent qu'il y a autre chose, même s'il ne sait pas quoi : il y a un tréfonds de Dieu qui doit être dévoilé. Il faut que Dieu se dévoile, se manifeste dans son être le plus profond. Job sent très bien que la réponse traditionnelle qui lui est faite — jamais un juste ne s'est vu méprisé, n'est resté dans le malheur — ne correspond pas à la réalité. C'est ce qu'il vit dans sa chair, ce qu'il éprouve dans tout son être.

Job est un homme trahi dans ce qu'il a de plus profond, à l'égard de son Dieu, de ses amis, de ses frères, de ceux qui vivent autour de lui. Le drame ne vient pas de la révolte de Job, il vient du cœur même du mystère de Dieu. Quand Job décrit la vie de l'homme, il la présente comme la vie d'un mercenaire taillable et corvéable à merci, continuellement au service des autres. Au plus intime de sa conscience il a la certitude d'être fidèle à Dieu, et d'être dans la vérité. Or, l'homme juste peut rencontrer le malheur. Il faut donc passer de l'injustice des hommes à la justice de Dieu : Job doit découvrir que Dieu est juste, qu'au cœur même de sa misère, et du drame qu'il vit, Dieu se manifeste.

Mais ce n'est pas de la façon dont il l'attend. Les paroles de ses amis, il le sait, ne sont que des paroles en l'air, des calomnies dénuées de sens. Si Job s'acharne à se défendre, c'est que les réponses de ses amis ne sont pas adéquates, ne sont pas vraies. En cela, Job représente la nécessité pour l'humanité de dire à Dieu le mystère du mal, ce mystère qui va jusqu'au fond de l'être, qui risque de nous transpercer de fond en comble, de nous bouleverser jusqu'aux entrailles, jusqu'à la racine de nous-mêmes. Dans certaines formules, Job crie que son angoisse le brise jusqu'à la racine de son être. Ce cri d'agonie le justifie devant Dieu, comme le montre ce passage du chapitre 17 : « Mon souffle s'affole, mes jours s'éteignent, à moi la tombe ; tous mes membres ne sont qu'une ombre, les hommes droits en seront stupéfaits. » Mêlant le plus pur lyrisme à une violence inouïe, c'est un cri d'agonie et d'angoisse, derrière lequel se profile la seule réponse : l'agonie du Christ. Job ne biaise pas avec le mal.

Ce dialogue impossible entre Job et Dieu nous met en face du mystère même de l'homme. Dialogue impossible en effet, parce que Dieu est Dieu. Mais Dieu fait sentir à Job la racine de violence qui le saisit tout entier. Au cœur de sa volonté de se justifier, réside quelque chose qui n'est pas vrai : Job veut se justifier en rejetant la responsabilité sur Dieu. Dieu va donc l'amener doucement, lentement, à comprendre que la soumission de l'être est un arrachement du cœur. Dieu lui demande de continuer d'avancer et, à travers sa souffrance, l'appelle à le rencontrer plus profondément encore que jamais, au cœur même de la ténèbre. Job est confronté à l'idée que les théologiens se font de Dieu, mais il faut qu'il soit confronté à la réalité de ce qu'est Dieu. Tant qu'il n'aura pas fait cette rencontre, rien ne sera possible.

L'homme ne peut que s'en remettre à Celui qui est juste. Cendre et poussière, il s'en remet au Saint d'Israël. Job a beau crier sur tous les tons qu'il est étranger à tout mensonge, il a beau être sûr de son innocence, son sens de la justice n'est pas aussi vrai qu'il le croit : il se justifie lui-même. Or, Dieu n'a pas besoin de justification ; Job doit apprendre à se démunir de sa propre justification. Pour devenir vraiment croyant, il faut tout abandonner, absolument tout, jusqu'à la racine de soi-même. C'est cela qui est en jeu. L'Evangile sera cette mise en question radicale de l'être humain, au plus profond de lui-même. Dieu veut déraciner le désespoir orgueilleux inconsciemment présent en Job, comme en chacun de nous : nos péchés les plus profonds sont ceux qui sont les moins conscients, ceux que nous camouflons le mieux. Par sa révolte, Job est confronté au mystère de Dieu qui consume tout, et Dieu, en se manifestant à lui comme dans une sorte de théophanie, lui dévoilera sa propre justice.

Nous avons en nous une racine de violence, beaucoup plus profonde que nous ne l'imaginons, qui nous touche au tréfonds de nous-mêmes, qui est un peu nous-mêmes, à moins qu'elle ne soit reprise et transformée par le mystère du Christ. On voit ici se profiler à l'horizon le mystère de l'agonie du Christ.

Job a raison de se révolter, de tout mettre en question, parce que, devant la souffrance, il est impossible de s'en tenir à des banalités pieuses, comme c'est trop souvent le cas. Cette sorte de discours ne met pas dans la vérité. Job vit l'arrachement d'un homme fait pour le bonheur, qui l'a connu merveilleusement, et qui se trouve affronté et comme «pris au piège» par le mystère de Dieu. C'est pourtant là qu'il trouve la délivrance, en découvrant que Dieu est un Dieu d'amour et de vérité. Avant d'y arriver, il lui fallait faire cet itinéraire douloureux, qui est au cœur de toute la tradition biblique, et qui le plonge au cœur du mystère du mal, ce mystère omniprésent dont Dieu seul peut triompher.

A la faveur de cette épreuve, Job découvre en lui cette racine de violence et de négation de la vérité divine; il se soumet dans un abaissement total, qui l'amène à perdre pied et à tout lâcher, mais qui débouche sur une vie nouvelle. Car la vie ne commence qu'au prix de cet abandon total.

Prière

Seigneur, apprends-nous à prier.

Pour apprendre à prier, il faut passer par ce désert comme Job, par cette agonie, cette souffrance, afin que le mystère de Dieu les traverse, et nous comble de son amour et de sa miséricorde.

Seigneur, remplis nos cœurs de ton infinie miséricorde, de ton infinie compréhension. Fais que nous ne soyons jamais pour nos frères de ces amis moralisants, qui jugent sans le savoir, de ces frères qui ne savent pas comprendre leurs frères dans la révolte. Mais que nous soyons avec eux des frères qui les aiment, qui les aident à attendre le moment venu où l'amour de Dieu pourra les arracher au mystère du mal. Ce que Dieu veut pour nous c'est que nous Le découvrions. Le mal, le scandale du mal est un chemin vers Dieu. Plus tard, dans le Christ, il y aura cette présence de l'agonie, cette présence de la croix, qui reprendront tout et triompheront de tout.

Seigneur, nous te demandons d'aimer comme Job a aimé, d'avoir le courage de ne pas biaiser, de regarder les vrais problèmes, d'accepter loyalement de se poser certaines questions.

Seigneur, apprends-nous à entrer dans ta volonté, dans ton amour, arrache de nous tout ce qui nous empêche d'être fidèles. Aide-nous à marcher, comme Job, par-delà la misère, la souffrance, l'insécurité, les calomnies, les médisances, la souffrance, la maladie, et même la mort.

Seigneur, fais que le mystère de Dieu éclate dans nos vies, avec une lumière étonnante, en un sens insoutenable. Si Dieu a accepté que Job subisse — et c'est le sort de l'humanité — cette souffrance et ce scandale devant le mal, ce n'est pas pour nous frayer un chemin qui ne mènerait nulle part, mais pour nous frayer un chemin qui mène directement au cœur de Dieu.

Seigneur, donne-nous de rentrer dans ta lumière, de pénétrer dans ta lumière, de nous laisser faire par ta lumière : alors le dialogue impossible entre Dieu et l'homme devient un dialogue possible. Au cœur même du mystère de Dieu, l'homme est dévoilé : il doit passer par la mort mais il est fait pour la vie, il est fait pour ressusciter et ressusciter dans la gloire.

Chapitre 3

De l'excès de malheur à la découverte du vrai Dieu

1 - L'ampleur du drame et la découverte de Job

Nous avons découvert que Dieu ne vient pas jeter un voile pudique sur le tragique de la condition humaine. Il vient plutôt en donner une conscience d'autant plus amère, que le tragique de la vie humaine, marquée par la souffrance et la mort, conjoint à l'affirmation de la bonté de Dieu, est un scandale sans pareil. Dieu ne donne pas au mal cette armure rassurante qu'il a trop souvent dans les livres pieux. Il n'en fait pas une souffrance de pacotille. Le mal garde cette puissance hallucinante, qui broie le cœur de l'homme et l'accable, faisant naître en lui un goût de cendre joint à une lassitude extrême.

Si une avalanche de souffrances et d'épreuves a brisé le cœur de Job, la détresse morale et physique l'a enveloppé de partout. Il connaît le découragement qui fait de lui la risée de tous, même de ses amis, comme c'est le cas pour tout homme lorsqu'il crie vers Dieu pour obtenir une réponse. Et voilà qu'au fond de l'âme, au cœur même de la foi surgit, sans même que l'homme l'ait voulue, une question épouvantable, à faire frémir. Sous la pression même de tout l'être broyé, elle monte aux lèvres, tragique : le Dieu tout-puissant assisterait-il sans intervenir, tel un spectateur ironique, aux souffrances de ceux qui se confient en lui. Serait-il la cruauté même ? Qui donc est-il pour nous assaillir comme un ennemi, sans nous laisser de répit, pour nous empêcher de respirer par son atroce proximité ? Qui donc est-il pour nous tromper dans une superbe indifférence, pour paraître à l'homme comme une force injuste qui se moque de lui ? Qui donc est-il pour mutiler ses victimes, avec le seul plaisir raffiné de manifester sa puissance ?

Cette inquiétante et fascinante question du mal se trouve évoquée ici tragiquement, sans faux-fuyant, et tous les discours des hommes ne sont en face d'elle que de pauvres paroles, sans prise sur le réel.

S'il existe une réponse à cette situation qui est la nôtre, il est clair qu'elle ne peut venir que de Dieu. C'est ce que Job sent plus ou moins confusément. Dieu lui a fait découvrir cette racine de violence, de révolte, de refus, qui habite le juste et le saisit tout entier, qui le tord intérieurement. Il lui a montré que la soumission qu'il demande est un arrachement de tout l'être, la plongée dans une angoisse de mort. Pourtant, sur ce chemin qui nous accable de désespoir et de lassitude, Dieu nous demande de continuer à marcher.

L'ampleur du drame qui se joue est immense : au cœur même de la souffrance qu'il suscite en l'homme, Dieu l'appelle à le rencontrer plus totalement. Au moment même où il lutte contre les raisonnements des théologiens de son temps, « théologiens de néant » comme il les appelle, à l'intérieur de sa vie et de sa misère, Job rencontre Dieu avec plus de vérité. C'est à la réalité même de Dieu qu'il est confronté, et il découvre que Dieu, dans sa justice, transcende toutes les catégories créées. Dieu lui apparaît comme infiniment grand, infiniment bon et comme celui qui établit dans l'univers un ordre, une harmonie admirables. Il n'aura plus qu'une chose à faire : s'en remettre à Celui qui seul est juste, à Celui qui est trois fois Saint, dans une attitude de foi absolument inconditionnelle. Dans sa découverte, ce qui domine tout, c'est son ouverture à la transcendance divine qui va devenir le cœur de sa vie, transformer son angoisse, la dépouiller de sa propre justice et la consumer. Le Dieu de Job n'est pas une abstraction, une idée ; ce n'est pas un Dieu rationnel que l'on peut mettre au service de nos idées humaines. Ce n'est pas le Dieu de la bonne conscience et de la condamnation facile des malheureux, le Dieu des dénonciations du péché des autres, au nom de la morale dont on se sait le défenseur. Job fait là une découverte essentielle.

2 - La révélation de l'amour de Dieu

En fait, Dieu ne répond pas à Job, mais il se manifeste à lui. Sa réponse est une « théophanie ».

« Le Seigneur apostropha alors Job et dit : Celui qui dispute avec le Puissant a-t-il à critiquer ? Celui qui ergote avec Dieu, voudrait-il répondre ? Job répondit au Seigneur et dit : Je ne fais pas le poids, que te répliquerai-je ? Je mets la main sur ma bouche. J'ai parlé une fois, je ne répondrai plus, deux fois, je n'ajouterai rien. Le Seigneur répondit alors à Job du sein de l'ouragan et dit : Ceins donc tes reins, comme un brave. Je vais t'interroger et tu m'instruiras. Veux-tu vraiment casser mon jugement, me condamner pour te justifier ? As-tu donc un bras comme celui de Dieu, ta voix est-elle un tonnerre comme le sien ? Allons, pare-toi de majesté et de grandeur, revêts-toi de splendeur et d'éclat ! Epanche les flots de ta colère, et d'un regard abaisse tous les hautains. D'un regard fais plier tous les hautains, écrase sur place les méchants. Enfouis-les pêle-mêle dans la poussière, bâillonne-les dans les oubliettes. Alors moi-même je te rendrai hommage, car ta droite t'aura valu la victoire [1]. »

Job découvre qu'il est devant Dieu, et que Dieu n'a pas de compte à lui rendre. Immergé dans un monde créé l'homme n'a pas d'autre réponse que la soumission à Celui qui est à l'origine de tout, que l'abandon confiant à sa Sagesse.

Au chapitre 40, on assiste à la présentation de Béhémôt et de Léviathan, la Bête par excellence, et de ces êtres tortueux que sont l'hippopotame et le crocodile. Dieu dit : « Ecoute, regarde ce que j'ai fait, regarde comme c'est curieux, et rends-toi compte de ma sagesse. » Ce texte étonnant veut montrer que Dieu est au-delà de tout ce que nous pouvons imaginer, et que mettre Dieu en question n'a pas de sens. Si Dieu est Dieu, Il n'a pas à répondre ou, plus exactement, Il a à répondre, mais peut-être pas de la façon que nous espérons. Le chemin que le Seigneur veut nous ouvrir, bien différent de celui que nous imaginons, est un chemin non pas de détresse, mais d'acceptation et de découverte de Dieu.

1. Job 40, 1-14.

Sans jamais fléchir, Job persiste à réclamer non point d'être guéri, mais d'être acquitté des accusations lancées contre lui. Ce désir obstiné qui l'habite lui permet de briser la conception traditionnelle et lui fait refuser le caractère définitif de la mort, auquel il avait toujours souscrit : « Ne peux-tu supporter ma révolte, laisser passer ma faute, car déjà me voici gisant en poussière, tu me chercheras à tâtons, j'aurai cessé d'être [2]. » « Mais l'homme s'il meurt, reste inerte, quand un humain expire, où donc est-il ? [3] »

3 - *L'espérance de Job*

Au départ, Job n'a pas d'autre horizon que la mort. Mais, dans un cri d'une puissance extraordinaire, il réclame un témoin dans les cieux, qui prendra sa défense contre Dieu lui-même [4]. Il clame sa certitude qu'au-delà de son dernier soupir, au-delà de la fosse elle-même, son Rédempteur se lèvera, vivant, pour lui permettre de voir Dieu. C'est un texte absolument extraordinaire : « Je sais bien, moi, que mon rédempteur est vivant, que le dernier, il surgira sur la poussière. Et après qu'on aura détruit cette peau qui est mienne, c'est bien dans ma chair que je contemplerai Dieu. C'est moi qui le contemplerai, oui, moi ! Mes yeux le verront, Lui, et il ne sera pas étranger. Mon cœur en brûle au fond de moi. Si vous dites : " Comment le torturer afin de trouver contre lui prétexte à procès ? " alors redoutez le glaive pour vous-mêmes, car l'acharnement est passible du glaive. Ainsi vous saurez qu'il existe un jugement [5]. »

2. Job 7, 21.
3. Job 14, 10.
4. Job 16, 18-21.
5. Job 19, 25-29.

Jusqu'alors l'idée d'une résurrection n'était jamais parvenue à cette expression et à cette lucidité. Rappelons-nous que tous les siens étaient morts ou l'avaient en quelque sorte excommunié [6]. Il n'a donc pas d'héritier qui puisse racheter son honneur après sa mort. Pourtant, il a cette certitude, et il l'affirme solennellement, qu'un être mystérieux jouera ce rôle.

D'après l'ancien droit coutumier juif, le rédempteur est un parent du mort dont le devoir est de venger le sang versé, d'où l'expression de «rédemption du sang» et la notion d'une préservation, par rachat légal, de l'intégrité de la terre ancestrale [7].

Cet appel d'un rédempteur, jailli du cœur d'un homme broyé à mort et qui attend de voir Dieu, il est impossible de savoir d'où il vient. Personne ne peut dire comment l'idée d'un rédempteur a pu naître en lui comme en surimpression à sa détresse. Les premiers chrétiens y ont vu le prélude à la foi en la résurrection de la chair et la préfiguration d'un rédempteur vainqueur de la mort. L'expression «dans ma chair je contemplerai Dieu» se référait à l'homme dans son identité concrète d'être incarné. Il ne s'agit donc pas de la croyance en l'immortalité de l'âme, mais bien de la croyance en la résurrection de la chair.

Job découvre la nécessité d'un médiateur entre Dieu, qui semble hostile et lointain, et l'homme abandonné dans le monde.

---

6. *Cf.* Job 19, 13-22.
7. *Cf.* 2 Sm, et Ruth.

Le désir de Job est de voir Dieu face à face; il veut trouver en face de lui un arbitre faisant fonction de conciliateur: «Car Lui n'est pas, comme moi, un homme: impossible de discuter, de comparaître ensemble en justice. Pas d'arbitre entre nous pour poser la main sur nous deux [8].» Dieu est tellement lointain, tellement difficile à atteindre, que Job rêve d'un arbitre entre Dieu et l'homme.

D'autre part, Job a la conviction qu'après sa propre mort, il recevra de son témoin à la cour suprême une défense posthume. Une fois mort, il aura un défenseur. Au chapitre 16, on trouve cette certitude inébranlable de la présence ultime d'un rédempteur qui non seulement rachètera son honneur, mais lui permettra aussi de voir Dieu: «Ma clameur est mon avocat auprès de Dieu, tandis que devant lui coulent mes larmes. Qu'elle plaide la cause d'un homme aux prises avec Dieu, comme un mortel défend son semblable [9].» Jusque dans la péroraison de son ultime apologie, Job garde la dignité d'un homme dénué de tout sentiment de culpabilité. Il ne se rappelle que les peccadilles de sa jeunesse: «Je lui rendrai compte de tous mes pas, et je m'avancerai vers lui comme un prince [10].» La grandeur de Job est vraiment étonnante.

Le mal sert à dévoiler le fond du mystère de Dieu: nous faire entrer dans l'intime de son Etre, qui est vérité et miséricorde. Voilà ce que Dieu désire.

---

8. Job 9, 32-33.
9. Job 16, 20-21.
10. Job 31, 37.

4 - L'expérience spirituelle de Job est aussi la nôtre

Analysons ce qui est au fond du malentendu entre Job et Dieu, ce qui donne l'impression qu'ils ne se comprennent pas.

L'expérience spirituelle est toujours plus ou moins conditionnée par le langage qu'elle choisit et dont elle dispose pour s'exprimer. Les mots disent trop ou trop peu. Les images possèdent l'étonnant pouvoir de transformer le réel parce que leur charge émotive les rend souvent plus conscientes, plus vraisemblables que l'expérience objective.

Dans le livre de Job, qui est peut-être le plus grand des poèmes de l'humanité, on constate une survalorisation des images. L'homme étant ce que Dieu l'a fait, il est bon, normal, et salutaire que Dieu se fasse connaître de lui, en jouant sur le clavier des expériences qui fournissent à l'imaginaire ses structures et ses dynamismes sans omettre aucune touche. Je veux parler ici de l'imaginaire, et non pas de l'imagination, c'est-à-dire de tout ce monde qui existe au fond de chaque être et qui imprègne toutes ses attitudes : honte, culpabilité, angoisse de la mort, mais aussi pureté, justice reconnue, joie de la vie, vicissitudes de la dépendance et de l'autonomie, de l'esclavage et de la liberté, de la révolte et de l'adhésion, de la revendication et du service.

Il s'agit donc de cette question qui existe au cœur de l'expérience humaine entre les structures de l'homme et cette projection imaginative, avec tous ses dynamismes. Si la représentation que l'homme peut se faire d'autrui et la relation qu'il peut avoir avec autrui sont si profondément tributaires de la vie de l'imaginaire, une parole et un amour qui ne rencontreraient pas l'homme à ce niveau n'auraient aucun sens. Ils iraient à contresens de ce que nous savons de la parole et de la condition humaine. C'est pourquoi nous est donné au cœur de la Bible, le livre de Job dans lequel tout est remis en question et où déjà commence à transparaître tout ce qui apparaîtra plus tard dans le Christ, en particulier cette reprise totale de l'imaginaire. La venue du Verbe de Dieu parmi nous n'a pas aboli le régime de l'imaginaire. Le Christ est le rayonnement même de la gloire de Dieu et la source de toutes les paraboles. D'un côté, les images que Dieu a données de lui-même dans la Révélation : les images de l'Alliance, qui parlent de la relation entre l'homme et Dieu — images des fiançailles, du mariage, de la vigne... — et qui structurent de plein droit l'expérience spirituelle. Ces images existent chez Job. De l'autre côté, les images que l'homme se forge pour penser Dieu. Job va être confronté à ce problème. C'est là que commence son drame intérieur : sans cesse les images de Dieu secrétées par son angoisse viennent contredire les images révélées, et créent en lui une sorte de surtension intolérable. Le Dieu qui fait irruption dans sa vie est le Dieu de l'Alliance, le Dieu qui a dit : « Je suis », le Dieu sensible au cœur de l'homme, le Dieu qui connaît le cœur de celui qu'il éprouve et qui, dans la souffrance, est pressenti dans sa proximité. Job déclare lui-même que refuser la pitié à son prochain, c'est rejeter la crainte de Dieu. Des images de paix, de joie, d'amour, coexistent en lui avec d'autres images qui vont jouer en négatif et vont faire tout son drame.

5 - La pédagogie de Dieu

Les images formées en lui par la Révélation donnent à Job l'assurance que Dieu n'a pas abandonné son témoin. Certes, tout ce qui lui arrive le porte à croire que Dieu s'est ravisé et qu'il veut détruire l'œuvre de ses mains. Mais en réalité, la souffrance et la mort ne sont pour lui que deux moments de la pédagogie de Dieu qui n'interrompent pas son dessein de miséricorde.

La souffrance et la mort sont interprétées comme une pédagogie, comme des moyens pour initier l'homme à la rencontre avec Dieu. Déjà cette intuition spirituelle pressent que l'amitié de Dieu ne pouvait faire défaut et que le souvenir divin inclut de façon mystérieuse la vie de l'homme. La théophanie est venue donner raison à l'espérance de Job. Dieu ne l'a pas frustré de sa réponse, parce que lui-même tenait à cette rencontre.

Pour autant, Dieu ne justifie pas toutes les attitudes de Job et le long discours du chapitre 40 a montré dans quel climat de vérité et de liberté il entendait que soit mené le dialogue. Vérité de l'homme créé par Dieu en dernier, vivant dans un univers dont il ne connaît pas toutes les lois; vérité exigeante pour Job puisqu'elle lui impose de reconnaître les limites de son pouvoir et qu'elle lui interdit d'obscurcir par ses doutes le plan du Maître de l'histoire. Liberté de Dieu que Job doit respecter, même lorsqu'elle prend à ses yeux l'apparence de la fantaisie, de l'arbitraire et de l'inconstance. Dieu, dont toute l'œuvre manifeste la miséricorde, demeure libre de paraître hostile, si sa pédagogie le réclame. Pourtant, il ne cesse d'agir en garant, en ami, en rédempteur. Jamais l'homme n'est plus libre que lorsqu'il admet pleinement la liberté de Dieu; mais c'est une attitude radicale qui passe par la mort de toute violence intérieure. Dans Job, Dieu intervient directement, sans médiateur. Tout son désir était de manifester la nécessité d'une médiation et, curieusement, l'insistance de ce texte de la théophanie porte sur la médiation de l'univers. Dieu défend son œuvre, sa création, le cosmos, et il le fait en réintégrant dans l'univers de Job la création tout entière. Job a en effet le tort d'oublier la création et la transcendance de Dieu.

Tout au long de son affrontement avec Dieu, Job est sans cesse habité par des images de Dieu sécrétées par son angoisse et qui, comme dans un double mouvement, viennent contredire les images révélées: l'image de Dieu semble se dédoubler. Derrière le Dieu ami se profile le Dieu de l'épouvante; derrière le Dieu sage, le Dieu aux choix incohérents; derrière le Dieu de l'Alliance, un Dieu étrangement allergique à la présence et au bonheur de l'homme. Le Saint devient indifférent aux péchés, le Créateur ne rêve que procès, agression, brutalité, le Dieu des promesses déracine l'espérance du cœur de l'homme. Le Dieu qui se fait tout proche de Job lorsqu'il vient, en personne, l'emmmurer, le déchirer comme ferait un fauve (« tu es un lion dont la gueule m'enveloppe ») se retire dans un au-delà inaccessible dès qu'il s'agit d'entendre la plainte du juste, comme s'il refusait d'entendre. Cette inversion, ce renversement général des valeurs, fait que l'existence de Job perd tout son sens et l'amène à penser que sa vie est une fleur fanée, une paille sèche dans un tourbillon, insignifiante et inutile, une ombre qui fuit. Si Dieu se retire, il ne lui reste plus que leurre et frustration, « amertume de l'âme » et angoisse de l'esprit. Son histoire d'homme, qui prenait sens dans une communion grandissante avec Dieu, n'est plus que l'avortement d'un projet de dialogue.

Le tragique chez Job, c'est cette ambivalence constante par laquelle tout ce qui prend naissance dans la communion avec Dieu aboutit à un projet avorté. Las d'hésiter entre les deux visages de Dieu, Job ne retient plus que le visage hostile; alors s'exprime dans ses paroles une agressivité invraisemblable : il ne parle de Dieu qu'en référence à son dessein personnel, avec l'outrance de la passion, en substituant au portrait révélé de Dieu un régime préférentiel d'images nées de son affectivité humaine. Job s'aventure seul, loin des données de la foi. Sa parole d'homme prend le pas sur la Parole de Dieu.

Nous avons tous dans notre cœur deux images de Dieu : une image formée en nous par la Révélation, celle d'un Dieu de sainteté, de miséricorde, un Dieu tout proche, et une image, tirée de notre propre fond, d'un Dieu d'épouvante, aux choix incohérents, allergique à la présence et au bonheur de l'homme, un Dieu qui agresse l'homme et se retire dans un lointain effroyable. Notre problème est de choisir entre ces deux images. Si nous choisissons les images qui viennent de la Bible, de la Révélation, toute notre affectivité peut se mettre en place. Si nous choisissons l'autre part, la parole de l'homme prend le pas sur la Parole de Dieu et toute notre existence en est bouleversée.

Par moment, Job garde les images bibliques, mais, par une distorsion très consciente, il les retourne contre Dieu : il le voit comme Celui qui renverse toutes les valeurs. L'expérience spirituelle tente alors de se recréer un langage, la relation gauchie contamine la Parole et l'imaginaire humain devient le centre, le maître du dialogue. Alors, Job ironise sur la Parole de Dieu. Tout en gardant l'intention de dialoguer avec Dieu, mais dans la mesure même où il se laisse prendre au jeu de cette ironie, il paie cher son audace. Par une sorte de retour des choses, le langage durci raidit à son tour l'expérience spirituelle.

Quand on dit à Dieu « tu n'es mon gardien que pour ma perte », il est déjà plus difficile de retrouver les mots de l'humilité. Ce drame, Job l'a parfaitement senti. Il se sent prisonnier de ses propres images dès qu'il quitte les voies de l'Alliance, c'est-à-dire le langage convenu entre Dieu et lui.

Cette ambivalence du visage de Dieu fait du livre de Job un des livres centraux de toute l'histoire de l'humanité.

Job veut entrer en contact avec ce Dieu qui se tait, qui est silence, mais dont il voudrait entendre la Parole. Remarquons que si nous nous laissons aller à notre affectivité non réglée, notre expérience spirituelle se trouve détruite à sa racine même. C'est ce que nous éprouvons tous lorsque nous ne sommes pas au cœur du mystère de Dieu, et que nous nous retrouvons loin de nous-mêmes, loin de notre propre centre, de notre propre mystère. Job risque d'être prisonnier de ses propres images s'il ne rejoint pas le langage de l'Alliance. La grande leçon qu'il nous donne, c'est qu'on ne peut parler à Dieu qu'avec le langage de l'Alliance, avec le langage de la Révélation.

6 - Tout recevoir de Dieu présent au cœur de toute souffrance

Job, avec toute l'histoire d'Israël, prépare l'homme à aimer un Dieu libre, un Dieu qui ne soit mesuré ni par nos évidences, ni par notre désir. Ce n'est pas nous qui construisons Dieu. C'est Dieu qui est notre règle et notre mesure. Tôt ou tard, la vérité de l'homme, pour être intégrale, doit passer par l'acceptation du mystère de Dieu. Pour que son univers prenne sens il faut que l'homme se reçoive lui-même de Dieu. Une fois parvenu à ses limites d'homme, par le chemin nocturne de l'épreuve et de l'espoir déracinés, le croyant découvre que ce qu'il appelait le silence de Dieu n'est bien souvent que sa propre surdité, sa propre incapacité à accueillir la Parole. Job l'a très bien senti. Nous ne pouvons que nous recevoir de Dieu, car Dieu ne cesse d'aimer et d'agir, et tout ce qu'Il fait est Parole pour l'homme. Mais au cœur même de la souffrance, Dieu continue à faire signe. Il n'y a pas de réponse à la souffrance, aucune réponse n'est assez «lisible».

Le livre de Job ne donne aucune réponse au «pourquoi» de la souffrance. Dieu apparaît dans une théophanie pour dire: «Je suis là, écoutez-moi»; il ne livre pas le «pourquoi» de la souffrance, mais il montre comment souffrir. Job n'est que le début de la réponse. Dieu donnera la réponse véritable et totale dans son Fils, dans le médiateur que Job osait à peine espérer ; l'attente du juste se verra alors comblée. Dieu, dans le Christ, se réconcilie et recrée le monde. Dieu regarde, écoute, parle, et le Christ médiateur, en scellant de son sang l'Alliance nouvelle, nous convainc définitivement que lorsque l'homme est écrasé par la souffrance, Dieu n'est pas ailleurs, mais qu'il s'offre ici et aujourd'hui au dialogue et à la communion. Tout chrétien expérimente la difficulté à surmonter ces crises extrêmes de dialogue avec Dieu et à dépasser les outrances du langage de Job. Les affirmations les plus négatives restent puissantes sur le cœur de l'homme, du croyant comme de l'incroyant.

Job est la figure même de l'homme révolté par la souffrance, confronté aux ruptures introduites à certaines heures par la liberté de Dieu dans son destin.

Même la parole de l'ami reste impuissante à aider celui qui souffre, aussi longtemps que sa souffrance n'est pas vraiment comprise. Dieu ne reproche jamais à Job les images agressives qui lui sont montées au cœur. Il lui reproche de s'être appuyé sur certaines interprétations pour mettre en question son plan d'amour. C'est en partant de ses seules impressions que Job s'est cru en droit d'interpréter ce que Dieu avait mis en son cœur. Il a affirmé que la miséricorde n'est qu'un masque, que la mort constitue pour Dieu la visée ultime. Dieu répond qu'on ne peut interpréter ses intentions que sur la base de sa Parole. C'est sur elle que tout repose. Dieu attendait de Job qu'il conserve les images révélées pour en nourrir son espérance, en dépit des créations spontanées de son imaginaire. Il a fallu la théophanie — cette grâce de Révélation — pour que Job consente à rejoindre le Seigneur au-delà de toute image effrayante ou sécurisante.

Pour découvrir Dieu, il faut adorer, c'est-à-dire ne plus rien savoir, se mettre simplement devant Dieu et se livrer à lui. Le moment de vérité de Job est le moment où il adore. La critique qui aurait dû assainir sa vie spirituelle, n'a fait que la ronger. Mais elle ne pouvait l'assainir que s'il acceptait le jugement de Dieu, s'il s'en remettait à la Parole de Dieu et dépassait la souffrance qu'il avait rencontrée. Job doit accepter que les œuvres de Dieu soient manifestées en lui. Il faut qu'il accepte de passer par le chemin voulu pour lui et dont Dieu n'a pas à lui rendre compte. En définitive, c'est un homme purifié et libéré auquel Dieu peut révéler, dans la tempête, le mystère de la liberté divine. Le mystère de Job nous met en face d'un Dieu libre, qui nous entraîne dans son propre destin, qui veut nous faire entrer dans son propre mystère, qui met en cause tout notre imaginaire pour le rectifier par l'imaginaire de la Révélation. Notre imaginaire, c'est-à-dire cette possibilité en nous de construire le mystère de Dieu à partir de notre imagination, peut être guéri par la Révélation de la Parole de Dieu.

Job déplace complètement la question initiale. Plus exactement, c'est Dieu qui déplace complètement la question en Job. Il n'apporte pas de réponse, mais modifie le sens de la question. C'est la première chose que la Parole de Dieu amène l'homme à faire : accepter de ne pas pouvoir répondre au problème de la souffrance innocente dans des perspectives purement rationnelles, même en traitant rationnellement les éléments fondamentaux de la Révélation. Dieu seul peut donner la réponse, parce que ce problème qui nous dépasse suppose, pour être résolu, une intervention, un engagement de Dieu dans notre vie et dans notre liberté.

Puisque nous ne sommes pas Dieu et que nous ne sommes pas extérieurs à ce monde, nous ne pouvons pas nous mettre en dehors de ce monde pour le juger.

Pour mener une vie spirituelle, il faut recevoir ce monde de la main de Dieu et nous recevoir de Dieu dans la liberté. Enveloppés dans le mystère de Dieu, nous ne pouvons Le rencontrer que dans la liberté du Christ et de la rédemption. La seule réponse, c'est Dieu venant souffrir avec nous, devenant l'Innocent, le souffrant par excellence.

Dieu répond à nos questions, en nous amenant à les modifier, à les inverser. Sa Parole n'est pas là pour résoudre nos questions frivoles, nos curiosités, mais pour nous conduire au salut et nous faire rencontrer Dieu dans son mystère.

Job donne l'espérance la plus extraordinaire qui ait jamais été donnée à l'homme : il annonce que l'homme verra Dieu dans sa chair : « Je sais bien, moi, que mon rédempteur est vivant, que le dernier jour, il surgira sur la poussière. »

Ce texte a pu jaillir du cœur d'un homme broyé. Remarquez le « moi » de ce texte et le réalisme des formules : « dans ma chair je contemplerai Dieu ». Il n'y a plus que Dieu qu'on adore, auquel on se remet de façon absolument inconditionnelle. De l'excès du malheur, Job parvient à la découverte du vrai Dieu.

Prière

Seigneur, apprends-nous à comprendre de l'intérieur ta Parole, à laisser briser en nous cet imaginaire que nous avons d'un Dieu bourreau, d'un Dieu sadique, d'un Dieu méchant, d'un Dieu qui est à notre poursuite et qui ne nous comprend pas, d'un Dieu infiniment lointain.

Seigneur, donne-nous de découvrir l'imaginaire que tu as consacré, qui nous révèle le Dieu de l'Alliance, le Dieu Epoux de l'âme, le Dieu Epoux de son peuple, le Dieu qui nous fait entrer dans le mystère de son Fils, le Dieu qui nous dévoile sa Vie.

Seigneur, apprends-nous à nous en remettre à toi inconditionnellement sans poser de question, parce que c'est Toi le Seigneur. Donne-nous de T'adorer.

Seigneur, apprends-nous à prier avec Job, à laisser gronder en nous la souffrance quand elle est là, mais à la calmer par ta présence, même quand tu sembles être absent. Fais-nous découvrir, comme Job, à quel point nous avons besoin d'un Sauveur.

Seigneur, donne-nous de t'aimer, d'aimer tes chemins, ceux que tu as voulus pour chacun d'entre nous, mais que nous n'aurions pas choisis: qu'ils soient pour nous l'ouverture au mystère de ton être, de ton Amour.

Seigneur, apprends-nous à t'aimer, à écouter ta Parole sans nous laisser prendre par la parole humaine.

Seigneur, apprends-nous à écouter cette unique Parole que tu nous révèles dans ton Fils, qui répond à toutes nos questions, celles qui sont vraiment au plus profond de notre cœur, celles de la rencontre avec Dieu, de l'amitié avec Dieu, de la joie avec Dieu, de la paix avec Dieu.

Chapitre 4

Les chemins déroutants et insensés du Seigneur

Regardons rapidement quelques «témoins de la foi», selon l'expression de l'épître aux Hébreux, au chapitre 11. Ils nous montrent comment des chemins déroutants, parfois même insensés, peuvent introduire au cœur de la foi.

1 - Abraham

Abraham, figure bien connue, est à l'origine de notre vocation : il est le Père des croyants. Il s'est heurté au mystère d'une double Parole de Dieu : la Parole de la Promesse, promesse que toutes les nations sont bénies en lui, et l'ordre de sacrifier son fils. C'est pourtant la même Parole qui intervient, la Parole de la promesse, cette Parole décisive sur laquelle tout va être fondé : « pars, en pays d'Ur en Chaldée, quitte ton pays, ta patrie, et va dans le pays que je te donnerai [1] ».

Cette Parole, adressée par Dieu à Abraham et décisive pour toute l'histoire du salut, rencontre, venant également de la part de Dieu, l'ordre de sacrifier son fils, c'est-à-dire de mettre en cause la promesse. Comme si la promesse portait en elle sa propre négation : une Parole qui porte en elle-même l'envers de sa propre promesse, et qui pourtant, au cœur même de cette négation, trouvera son éclatement, sa joie, son aboutissement, et qui sera l'image du Christ sacrifié sur la croix.

Abraham se heurte au mystère de Dieu, présence d'amour, présence promise qui, en même temps, lui demande de sacrifier son fils. Il expérimente ce qui sera toujours au cœur de chaque vie humaine : la promesse que Dieu dépose en nous, et en même temps l'exigence de tout sacrifier pour retrouver nos frères.

2 - Jacob

Le chapitre 32 de la Genèse nous apporte la lutte de Jacob avec l'ange du Seigneur, pendant toute une nuit. Mystère de Jacob qui devient « Israël », c'est-à-dire celui qui est affronté à une présence mystérieuse contre laquelle il doit lutter. C'est la présence de Dieu, et Jacob le sait.

---

1. Genèse 12, 1.

Ainsi, pour Abraham comme pour Jacob, Dieu a un double visage: visage de présence, d'amour, de lumière, et visage d'épreuve.

3 - Moïse

C'est encore plus net pour Moïse. Il est présenté dans le Deutéronome comme un médiateur souffrant, écrasé sous le poids de sa mission, au point d'être, comme le dit le livre des Nombres, «l'homme le plus humble que la terre ait porté», et l'homme le plus éprouvé.

L'image que nous avons spontanément de Moïse, c'est le Moïse de Michel-Ange. Celui de la Bible est tout autre: un Moïse tout humble, qui est déjà la figure du Christ, l'homme qui a tout fait pour que son peuple entre dans la Terre Promise et qui, à cause de la faute de son peuple, n'entrera pas lui-même dans la Terre de l'Alliance:

«Je demandai alors une grâce à Yahvé: "Mon Seigneur Yahvé, toi qui as commencé à faire voir à ton serviteur ta grandeur et ta puissance, toi dont personne aux cieux ou sur la terre n'égale les actions et les hauts faits, ne pourrais-je passer là-bas, et voir cet heureux pays au-delà du Jourdain, cette heureuse montagne, et le Liban?" Mais à cause de vous, Yahvé s'irrita contre moi et ne m'exauça point. Il me dit: "Assez! Ne m'en parle plus! Monte au sommet du Pisga, porte tes regards à l'occident, au nord, au midi et à l'orient; regarde de tes yeux, car tu ne passeras pas le Jourdain que voici" [2].»

---

2. Deutéronome 3, 23-27.

Moïse est pris dans la médiation de la souffrance. Sa mission, c'est de porter son peuple, de le prendre sur lui et de subir ce qu'il ne devrait pas subir. Il est innocent de la faute que le peuple a commise lors de la contestation à Massa et Mériba. Pourtant, il n'ira pas au-delà du Jourdain, et ne verra pas le pays que Dieu a promis à son peuple.

Le texte du Deutéronome [3] où Dieu rencontre Moïse et «lui parle comme un ami parle à son ami», manifeste l'amour du Seigneur qui appelle son serviteur à le connaître pour lui révéler sa présence, sa proximité. Et, simultanément, il y a cette distance invraisemblable, qui va briser la vie de Moïse : Moïse restera comme le nomade qui ne peut pas rentrer dans la Terre Promise. Médiateur souffrant, Moïse sera l'image, dans la Bible, de tous les prophètes : ceux-ci seront décrits à l'image du médiateur, à l'image de Moïse. A l'inverse, on dira que tout ce qui a été valable pour Jérémie, Ezéchiel, Isaïe, sera appliqué à Moïse. Moïse récapitule en lui toute la souffrance du peuple de Dieu, souffrance qu'il porte et par laquelle il est écrasé. Sa vocation, c'est de subir et de sentir peser sur lui le poids de sa mission.

4 - David

Le mystère de David est du même ordre. Son fils l'a trahi. Il est obligé de partir, abandonnant son palais et l'arche de Dieu, sans savoir si Dieu lui rendra sa faveur.

3. Exode 33, 11.

«Le roi sortit à pied avec tout le peuple et il s'arrêta à la dernière maison. Tous ses officiers se tenaient à ses côtés. Tous les Kerétiens, tous les Pelétiens, Ittaï et tous les Gittites qui étaient venus de Gat à sa suite, six cents hommes, défilaient devant le roi. Celui-ci dit à Ittaï le Gittite: "Pourquoi viens-tu aussi avec nous? Retourne et demeure avec le roi, car tu es un étranger, tu es même exilé de ton pays. Tu es arrivé d'hier, et aujourd'hui je te ferais errer avec nous, quand je m'en vais à l'aventure! Retourne et remmène tes frères avec toi, et que Yahvé te fasse miséricorde et grâce." Mais Ittaï répondit au roi: "Par la vie de Yahvé et par la vie de Monseigneur le roi, partout où sera Monseigneur le roi, pour la mort et pour la vie, là aussi sera ton serviteur." David dit alors à Ittaï: "Va et passe." Et Ittaï de Gat passa avec tous ses hommes et toute sa smala. Tout le monde pleurait à grands sanglots. Le roi se tenait dans le torrent du Cédron et tout le peuple défilait devant lui en direction du désert.

«On vit aussi Sadoq et tous les lévites portant l'arche de Dieu. On déposa l'arche de Dieu auprès d'Ebyatar jusqu'à ce que tout le peuple eût fini de défiler hors de la ville. Le roi dit à Sadoq: "Rapporte en ville l'arche de Dieu. Si je trouve grâce aux yeux de Yahvé, il me ramènera et me permettra de la revoir ainsi que sa demeure, et s'il dit 'Tu me déplais', me voici: qu'il me fasse comme bon lui semble." Le roi dit au prêtre Sadoq: "Voyez, toi et Ebyatar retournez en paix à la ville, et vos deux fils avec vous, Ahimaaç ton fils et Yehonatân le fils d'Ebyatar. Voyez, moi je m'attarderai dans les plaines du désert jusqu'à ce que vienne un mot de vous qui m'apporte des nouvelles." Sadoq et Ebyatar ramenèrent donc l'arche de Dieu à Jérusalem et ils y demeurèrent.

«David gravissait en pleurant la montée des Oliviers, la tête voilée et les pieds nus, et tout le peuple qui l'accompagnait avait la tête voilée et montait en pleurant [4].»

---

4. 2 Samuel 15, 17-30.

David est une des images bibliques les plus proches de celle du Christ. L'épisode que nous venons de lire se situe à un moment de sa vie où il est seul, abandonné de tous, excepté d'un tout petit groupe de fidèles. Il doit quitter Jérusalem par le torrent du Cédron, en laissant l'Arche de l'Alliance dans la ville. Il doit ainsi abandonner ce qu'il y a de plus précieux, de plus fondamental pour le peuple de Dieu, ce qui représente le mystère de la présence invisible de Dieu, mai qui est la présence par excellence.

Au cœur de l'agonie de cet homme se manifeste une remise totale de lui-même à Dieu, remise de tout ce qu'il est, qui sera l'expérience centrale de sa vie.

5 - Osée, Jérémie, Ezéchiel

Ces trois personnages bibliques, Osée, Jérémie et Ezéchiel, par leur silence aussi bien que par leur parole, sont des signes dans l'épreuve.

Osée est cet homme abandonné, trahi par sa femme, qui devient l'image même du mystère de Dieu. Ce qui est tout à fait étonnant, c'est son mariage et sa valeur symbolique : Osée épouse une prostituée et il aura comme enfants des prostituées. En fait, il revêt l'image même du mystère d'Israël, de ce reniement de Dieu par l'homme, et c'est pourquoi le mystère d'Osée, malgré toute la souffrance qu'on y découvre, est un mystère de tendresse.

«Le Seigneur dit à Osée : "Va prendre une femme se livrant à la prostitution et des enfants de prostitution, car le pays ne fait que se prostituer en se détournant du Seigneur [5]." Toute la vie d'Osée devient le symbole même de la vie d'Israël;

---

5. Osée 1, 2.

la trahison de la femme d'Osée devient la trahison d'Israël. Alors apparaît au centre de la vie d'Osée le mystère même de Dieu, le mystère de cette blessure faite au cœur de Dieu lorsque l'homme trahit. Dieu fait à Osée les promesses les plus invraisemblables, les plus étonnantes qui soient : " C'est pourquoi je vais la séduire, je la conduirai au désert et je lui parlerai au cœur. Alors je lui rendrai ses vignobles, et je ferai du val d'Akor une porte d'espérance. Là elle répondra comme aux jours de sa jeunesse, comme aux jours où elle montait du pays d'Egypte [6]. " Cet homme dont la souffrance est atroce, devient le symbole même de la vie d'Israël, où le rapport avec Dieu est un rapport douloureux, dramatique, où l'on assiste constamment à une mise en question réciproque de l'homme et de Dieu. La mise en question de cette réciprocité fait tout le mystère d'Osée, et se rencontre à chaque instant chez les prophètes.

«Je te fiancerai à moi pour toujours ; je te fiancerai dans la justice et le droit, dans la tendresse et dans l'amour ; je te fiancerai à moi dans la fidélité, et tu connaîtras Yahvé [7].»

Marié à une prostituée, Osée devient l'image de l'Amour inlassable de Dieu, un amour qui ne peut pas abandonner l'être aimé, c'est-à-dire Israël, tout comme Osée ne peut abandonner la femme qu'il aime. Par-delà toutes les trahisons, Osée devient le signe d'une fidélité extraordinaire, invraisemblable, qui éclatera dans le Nouveau Testament. Quelle que soit l'attitude de l'homme, Dieu ne trahit pas, Dieu reste fidèle. C'est la raison pour laquelle le rappel des premiers temps, de la première rencontre entre Israël et le Seigneur sera sans cesse évoqué par la suite.

Quant à Jérémie, lorsqu'il quitte la ville en faisant un trou dans le mur, pour montrer qu'Israël sera emmené en déportation,

---

6. Osée 2, 16-17.
7. Osée 2, 21-22.

c'est le mystère même d'Israël qui se joue en lui, dans un sens symbolique.

Ezéchiel, lui, apparaît dans toute sa mission comme le symbole des épreuves qu'Israël va connaître. Son silence est tout aussi significatif que ses paroles.

Ces trois prophètes sont des images mystérieuses du Seigneur : le mal a une ampleur, une puissance étonnante, mais en même temps, au cœur de ce mal, se trouve une réponse d'amour. Quel que soit le prophète, Ezéchiel, Jérémie ou Osée, ce qui est annoncé, c'est *la transformation du cœur*. Chez Osée, elle est évidente. Chez Jérémie, on trouve la promesse du cœur nouveau, thème qui est repris chez Ezéchiel avec encore plus de violence : il y aura un Temple nouveau, l'eau coulera de nouveau, entièrement renouvelée, parce que le mystère de Dieu sera ouvert à tous les hommes.

6 - Les psaumes

Deux psaumes vont nous aider dans notre réflexion.

Le psaume 74 (73) tout d'abord, qui rappelle constamment l'Alliance : « Pourquoi, ô Dieu, rejeter jusqu'à la fin, fumer de colère contre le troupeau de ton bercail ? Rappelle-toi ton peuple que tu acquis dès l'origine, que tu rachetas, tribu de ton héritage, et ce mont Sion où tu fis ta demeure. »

Une question très grave est posée : le peuple de Dieu voit l'assemblée sainte, c'est-à-dire le Temple, détruit. Pour un Israëlite, la destruction du Temple est la chose la plus abominable qu'il puisse imaginer, parce que le Temple est le cœur de la ville de Jérusalem. La destruction du Temple, c'est la destruction de toutes les promesses de Dieu. Ce scandale qui touche à la promesse de Dieu va jusqu'au tréfonds de la conscience religieuse d'Israël. Comment les armées assyriennes ont-elles pu détruire le Temple, en abattre les vantaux, les sculptures, au moyen de masses et de haches : « Ils ont livré au feu ton sanctuaire, profané jusqu'à terre la demeure de ton Nom » ?

On retrouve le même mystère que celui vécu par Abraham, mystère de promesse et de fidélité, auquel Israël tient plus que tout, et qui semble anéanti. En même temps se manifeste la conscience aiguë que Dieu ne peut rejeter définitivement son peuple, que sa colère n'est pas pour toujours, et qu'il gardera son Alliance. C'est au moment même où, dans la réalité, l'Alliance est compromise, puisqu'il n'y a plus d'assemblée sainte, que l'on s'écrie :

« Regarde vers l'Alliance, la mesure est comble,
les antres du pays sont des repaires de violence.
Que l'opprimé ne rentre pas couvert de honte,
Que le pauvre et le malheureux louent ton Nom !
Lève-toi, ô Dieu, plaide ta cause
Rappelle-toi l'insensé qui te blasphème tout le jour
N'oublie pas le vacarme de tes adversaires,
la clameur de tes ennemis, qui va toujours montant ! »

On retrouve ici la même structure qu'avec Abraham, Moïse, et Jacob : la promesse de Dieu semble mise en cause par toute l'expérience. Pourtant, la promesse peut être affirmée malgré tout, quitte à nier l'expérience présente, car toute expérience doit être dépassée : le Temple a beau être détruit, Dieu est plus fort que tout ; il reconstruira son Temple.

Prenons maintenant le psaume 22 (21), celui que le Christ dit sur la croix :

« Mon Dieu, mon Dieu, pourquoi m'as-tu abandonné ?
Loin de me sauver, les paroles que je rugis !
Mon Dieu, le jour j'appelle, point de réponse,
La nuit, pour moi point de silence. »

Tous les termes employés dans ces versets sont des termes d'angoisse : ils manifestent l'impression étouffante d'un véritable encerclement, dont il est impossible de sortir.

« Toi, le Saint, qui habites les louanges d'Israël
En toi nos Pères avaient confiance, et tu les délivrais,
Vers toi ils criaient et ils échappaient,
En toi leur confiance, et ils n'avaient pas honte. »

La réalité, c'est que l'être est brisé, les os se disloquent, « le cœur est pareil à la cire, il fond au milieu de mes entrailles, ma chair est sèche comme un tesson, ma langue est collée à la mâchoire, je me cache dans la poussière de la mort, des chiens nombreux me cernent, une bande de vauriens m'entoure, comme pour déchiqueter mes mains et mes pieds ; je peux compter tous mes os. Les gens me voient, ils me regardent, ils se partagent mes habits. »

Ce psaume de détresse est le psaume des pauvres par excellence, de tous les hommes qu'Israël a connus et dont le désir profond a été d'être fidèles à leur Dieu, ce Dieu à qui ils peuvent s'adresser en disant : « *Mon* Dieu, *mon* Dieu. » Remarquons bien cette expression d'apparence anodine. L'emploi du possessif marque avec insistance l'intimité qui s'établit entre le croyant et le Seigneur.

«Pourquoi m'as-tu abandonné?»; «le jour j'appelle, point de réponse, la nuit, pour moi point de silence». Ce que l'homme ne peut supporter, c'est le silence de Dieu: le Dieu de la promesse s'est fait silence. La conséquence est inévitable: devant ce pauvre qui désespère, tous ricanent, bafouent, hochent la tête: «Il s'est remis au Seigneur, qu'Il le délivre! qu'Il le libère, puisqu'il est son ami!» La foi entraîne la moquerie: la foi en quelque chose d'incroyable, de trop beau, de trop imaginaire, expose à subir les pires railleries.

Ce psaume s'achève sur une annonce: «J'annoncerai ton Nom à mes frères, en pleine assemblée je te louerai. Vous qui craignez le Seigneur, louez-le; toute la race de Jacob, glorifiez-le; redoutez-le, toute la race de la terre.»

Ce psaume 22 (21) n'est pas un psaume désespéré. C'est au contraire un chant d'abandon, de confiance. Par-delà l'abandon, il y aura une réponse, qui sera une pure affirmation de foi.

7 - L'Ecclésiaste

L'Ecclésiaste représente une sorte de désespoir, au cœur même de la foi. Un exégète comparait un jour la Bible à une grande cathédrale: on y trouve des sculptures, des vitraux, des espaces merveilleux, mais aussi des endroits plus secrets où il y a un peu de tout et où ce n'est pas très propre. Qohélet, l'Ecclésiaste, c'est un peu cela: c'est le désespoir devant le mystère de Dieu. Non pas un désespoir comme celui de Job, mais un désespoir à la fois plus atténué et plus profond. Plus atténué, parce que il y a chez Qohélet un regard sur la tragédie humaine accompagné d'une certaine ironie: l'humanité ne va jamais qu'à l'échec, de vanité en vanité, au gré d'actes sans forme, ni consistance. « Vanité des vanités », est une traduction moralisante. Le terme hébreu évoque la buée, la vapeur d'eau qui sort de la bouche et qui est pratiquement sans consistance. La vie humaine, c'est cela : de la buée. L'Ecclésiaste regarde l'existence humaine comme le ferait un spectateur, et prend conscience des limites de l'homme : limites de sa durée, limites de ses œuvres, de sa sagesse même. L'Ecclésiaste met dans la bouche même de Salomon la négation de la sagesse : la sagesse mène à prendre conscience que nous sommes finalement de pauvres gens. Quoi que nous fassions, cela ne mène nulle part. La mort est un terme auquel nul n'échappe.

Ce texte a été un moyen pour Dieu de creuser le cœur de l'homme, de préparer en lui la place de Dieu. Il n'y a que la foi qui ouvre au mystère de Dieu : l'Ecclésiaste a la foi, mais une foi en quelque sorte désespérée, qui a mesuré l'inanité de toutes choses : rien ne mène à rien, sinon au fait que Dieu existe et qu'il doit savoir ce qu'il en est. Mais il nous laisse à notre errance.

8 - La question du mal, au cœur de l'Ecriture

La question du mal est donc au cœur de l'Ecriture. Elle saisit l'homme jusqu'au tréfonds, le tenaille, le brise, et prend toutes les formes : depuis la soumission de David à son destin, jusqu'aux questions tragiques des Psaumes.

Certains hurlent de douleur et de souffrance, et pourtant Dieu est là, jusque dans l'abandon : « Mon Dieu, mon Dieu, pourquoi m'as-tu abandonné ? » Au cœur de cette question se profile tout le mystère du Christ.

Job et Qohélet ont ceci de commun qu'ils sont, chacun à son époque, l'écho du malaise des esprits. Ils font éclater ce qui existe au cœur même d'Israël. Avec une sorte de rage chez Job, avec une sorte d'ironie troublée chez Qohélet, ils posent un regard lucide sur les problèmes fondamentaux de l'homme, et les posent en termes extrêmes. Et ils contribuent par là à accélérer l'évolution de la conscience doctrinale et morale d'Israël. Ils provoquent des crises qui sont facteurs de progrès.

Le courage de l'intelligence et de la pleine loyauté spirituelle sont des vertus étonnament modernes, mais qui furent déjà des conquêtes définitives du peuple de Dieu. Elles trouveront leur plein épanouissement chez les apôtres, dans ce que saint Paul appelle la «parrhésia» apostolique, c'est-à-dire cet aplomb, ce courage intellectuel de regarder en face les difficultés. L'histoire d'Israël nous apprend que si le respect de la foi était grand chez les Juifs, le travail même hardi de l'intelligence n'était pas interdit. La pensée religieuse des sages, même si elle n'a été ni très populaire, ni très conquérante, a ouvert le chemin à l'inspiration divine. L'exemple de Qohélet, l'exemple de Job, nous enseignent que le respect des faits constatés, même quand ceux-ci semblent contredire la foi, est la condition indispensable de ce travail de la pensée. Dieu demande d'abord le respect de la réalité telle qu'elle est, même atroce. Dans le cas contraire, certaines bonnes intentions peuvent entraîner à dissimuler une part de la vérité, comme ce fut le cas pour les amis de Job : pour sauvegarder la Justice de Dieu, ils prétendaient qu'elle ne manquait jamais de s'exercer ici-bas. Or, Dieu n'a que faire de ces défenseurs peureux et trop zélés [6]. Qohélet na pas craint de proclamer que la théorie de la rétribution (Dieu rétribue immédiatement les justes et les injustes) est incompatible avec l'expérience.

---

8. Job 42, 7.

Dans l'histoire d'Israël, ce travail de mise en ordre ne s'est pas arrêté : tout au long de cette histoire, un peuple entier crie sa souffrance, sa misère, son péché, et Dieu ne lui reproche pas ses cris. Les images révélées qui sont utilisées pour évoquer cette expérience vont trouver dans le Christ leur accomplissement et leur transfiguration.

Cet effort d'intelligence est nécessaire, parce qu'il n'y a de foi que dans l'intelligence. Un des malheurs du christianisme moderne, c'est son manque d'intelligence, son refus de réfléchir, et de regarder les réalités en face, alors que les incroyants n'hésitent pas à le faire. Cette exigence de vérité est pourtant la condition indispensable pour que nous répondions pleinement à l'amour du Seigneur.

Prière

Seigneur, apprends-nous à laisser la foi devenir en nous expansive et conquérante par la lumière que tu répands dans nos cœurs.

Seigneur, apprends-nous à regarder les témoins de l'Ancien Testament comme des hommes qui ont vécu le même mystère de foi que nous et qui nous appellent à vivre ce mystère.

Seigneur, donne-nous des Saints, témoins du mystère d'un Dieu qui a accepté le mal pour en triompher.

Seigneur, apprends-nous à respecter le réel, à accepter que notre foi soit traversée par des crises : que ces moments nous permettent d'approfondir davantage le mystère de Dieu, d'espérer davantage, de laisser la Croix illuminer notre cœur.

Seigneur, donne-nous de t'aimer. Seigneur, fais-nous comprendre le cri du Christ en croix : « Mon Dieu, mon Dieu, pourquoi m'as-tu abandonné ? » « Mon Dieu, le jour j'appelle, point de réponse ! » Apprends-nous à comprendre que ta transcendance a besoin, pour se manifester, du silence, de ton silence. Que ton silence, tu l'ouvriras, tu le dévoileras pleinement dans ton Fils Jésus Christ, ta Parole vivante, la seule Parole que tu aies à nous dire, la Parole qui contient tout.

Seigneur rassemble-nous dans l'unité du mystère de l'Eucharistie. Que la division, la souffrance, la misère, soient récapitulées dans la plénitude de l'Eucharistie, là où le Christ s'offre en sacrifice, sacrifice qui accepte le mal et qui en triomphe, qui en triomphe à jamais.

Deuxième partie

LA RENCONTRE DE DIEU DANS LA LUMIÈRE

Chapitre 1

Jésus devant le mal

Nous allons aborder l'attitude du Christ devant le mal, en situant d'abord ce problème de façon générale, puis en le prenant dans sa dimension la plus profonde.

Nous commencerons par montrer comment le Christ se situe par rapport à l'opinion commune : le Christ rencontre l'opinion couramment répandue selon laquelle le mal et la maladie viennent d'un péché personnel, plus ou moins caché. Le cas le plus manifeste se trouve dans Jean 9, 1-3 : « En passant, il vit un homme qui était aveugle de naissance. Ses disciples lui demandèrent :

‘‘Rabbi, qui a péché, lui ou ses parents pour qu’il soit né aveugle ?’’ ‘‘Ni lui, ni ses parents, n’ont péché, répondit Jésus, mais c’est pour qu’en lui se manifestent les œuvres de Dieu.’’» Nous trouvons ici l’attitude fondamentale du Seigneur devant le mal : Le Christ ne répond pas directement à la question posée parce qu’il s’agit là du mystère de Dieu.

1 - Jésus déplace notre regard de l’origine du mal à sa fin

Le Seigneur parle du mal en le situant dans la vision de la gloire de Dieu. Cela suppose le dévoilement du mystère de la croix et de la résurrection. A la question des disciples concernant l’aveugle, il donne la réponse la plus nette «ni lui ni ses parents n’ont péché», autrement dit «ne cherchez pas la cause de ce côté-là». Il va même retourner la question, en affirmant que même le péché, même le mal – le fait d’être aveugle de naissance – servira à la manifestation des œuvres de Dieu. Lorsque le Christ regarde le mal dans le monde, il le regarde en fonction de la fin que Dieu poursuit, à savoir le renouvellement du monde dans la gloire de Dieu, la manifestation de la gloire de Dieu. La réponse du Christ, presque brutale, est significative du fait qu’il veut situer le problème à un autre niveau.

Nous trouvons une situation analogue au chapitre 13 de saint Luc, dans lequel, face à une catastrophe, ou bien devant un meurtre, les gens se demandent pourquoi ce sont les Galiléens qui en ont été les victimes : «En ce temps-là, survinrent des gens qui rapportèrent à Jésus ce qui était arrivé aux Galiléens, dont Pilate avait mêlé le sang à celui de leurs victimes. Prenant la parole, il leur dit : ‘‘Croyez-vous que pour avoir subi pareil sort, ces Galiléens fussent de plus grands pécheurs que tous les autres Galiléens ? Non, je vous le dis, mais si vous ne faites pas pénitence, vous périrez tous de même. Ces dix-huit personnes que la tour de Siloë a fait périr dans sa chute, croyez-vous que leur dette est plus grande que celle de tous les habitants de Jérusalem ? Non je vous le dis, mais si vous ne vous mettez pas à faire pénitence, vous périrez tous pareillement. »

Que les Galiléens périssent sous l'influence de Pilate, ou que des hommes soient morts dans l'effondrement de la tour de Siloë, cela suppose-t-il une responsabilité de leur part ? Le Christ répond par un non très significatif, et il manifeste que ce qui est important, c'est la conversion : « Si vous ne faites pas pénitence, vous périrez tous de même. » Autrement dit, le Christ veut profiter du péché, de la maladie, ou du mal, pour orienter tout homme vers Dieu. Il est venu annoncer au monde la conversion, le retournement du cœur.

Rappelons-nous ce texte d'Ezéchiel : « Convertissez-vous et détournez-vous du péché, qu'il ne soit plus pour vous occasion de mal, débarrassez-vous de tous les péchés que vous avez commis contre moi, faites-vous un cœur nouveau et un esprit nouveau. Pourquoi vouloir mourir, maison d'Israël ? Je ne prends pas plaisir à la mort de qui que ce soit, oracle du Seigneur Yahvé, convertissez-vous et vivez [1]. »

Le fond de l'attitude du Christ consiste à déplacer complètement l'accent. Dieu est bon, Dieu n'est que bonté. Le mal peut être pour l'homme l'occasion de faire pénitence, c'est-à-dire d'effectuer la « metanoïa », la conversion. Celle-ci entraîne la transformation du monde, sa récapitulation dans le Christ.

---

1. Ezéchiel 18, 30-32.

Nous avons tous, profondément ancrée en nous, cette conviction : le mal, la souffrance sont liés à la faute. Les ethnologues nous disent que cette croyance existe dans toutes les sociétés : partout, la justice est liée à la recherche de la victime émissaire.

2 - Jésus souffre du mal mais l'oriente vers la gloire de Dieu

Le Christ n'est pas insensible à la souffrance et à la mort de ses amis : Jésus pleure devant le cadavre de Lazare, comme nous le voyons au chapitre 11 de saint Jean : « Arrivée à l'endroit où était Jésus, Marie, quand elle l'aperçut, se jeta à ses pieds et lui dit : "Seigneur, si tu avais été là, mon frère ne serait pas mort !" Quand il la vit sangloter, sangloter aussi les juifs qui l'accompagnaient, Jésus frémit intérieurement et pleura. »

Il y a dans ce texte une sensibilité étonnante. Quand les apôtres ont demandé au Christ de revenir voir Lazare, le Christ a refusé, en répondant : « Non, j'attends, il dort. » Tout en voulant dire que Lazare était mort, Jésus préfère dire : « il dort », pour laisser les apôtres dans l'ambiguité et leur faire découvrir le chemin qui s'ouvre devant eux.

« Si tu avais été là, mon frère ne serait pas mort. » En voyant Marthe, puis Marie, sangloter, Jésus frémit intérieurement. En grec, le mot que l'on traduit ainsi implique une sorte de bouleversement intérieur. Jésus est bouleversé parce que ce reproche de Marie n'évoque pas seulement la mort de Lazare, mais aussi sa propre mort. Le récit de la mort de Lazare est une préfiguration, une annonce prophétique de la mort du Christ. Nous sommes à la fin de la semaine qui précède la semaine sainte et Jésus sait que sa mort est proche. Le Christ n'est pas du tout insensible à la souffrance, il la porte en lui, et il la prend sur lui. Quels que soient la situation, la souffrance, la maladie, la mort ou le péché, le mal, le Christ regarde la fin, ce pour quoi il est venu : la résurrection d'entre les morts. A la nouvelle de la maladie de Lazare, Jésus dit : « Cette maladie n'est pas mortelle, elle est pour la gloire de Dieu. » Le Christ voit dans tout événement une possibilité de rencontre avec le mystère de Dieu. C'est pour cela qu'à l'appel des sœurs de Lazare, il attend. « Quand il apprit que Lazare était malade, il demeura encore deux jours dans le lieu où il se trouvait ; alors seulement, il dit à ses disciples "Allons de nouveau en Judée". Ses disciples lui dirent : "Rabbi, tout récemment les juifs cherchaient à te lapider, et tu retournes là-bas." Et Jésus répond : "N'y a-t-il pas douze heures par jour ? Si quelqu'un marche le jour, il ne bute pas, parce qu'il voit la lumière, mais s'il marche la nuit, il bute parce que la lumière n'est pas en lui." Il dit cela encore, et ensuite : "notre ami Lazare repose, il dort, je vais aller le réveiller." Ses disciples lui disent : "Seigneur, s'il repose, il sera sauvé." Le Seigneur avait parlé de sa mort, maix eux pensaient qu'il parlait du repos du sommeil. Alors Jésus dit exactement : "Lazare est mort, et je me rejouis pour vous de n'avoir pas été là, afin que vous croyiez. Mais rendons-nous auprès de lui !" Alors Thomas, appelé Didyme, dit aux autres disciples : Allons-y, nous aussi, et nous mourrons avec lui [2] ! »

Si le Christ laisse mourir Lazare, c'est parce qu'il s'agit de faire de la mort de Lazare l'objet de la manifestation qui est le signe dernier par lequel il va annoncer sa résurrection : cette mort est pour la gloire de Dieu, formule analogue à celle que nous avions à propos de l'aveugle-né.

---

2. Jean 11, 6-16.

3 - La présence du Royaume de Dieu se manifeste par le triomphe sur tout mal

Prenons un verset qui revient inlassablement chez saint Matthieu, comme une sorte de leit-motiv : «Jésus parcourait toutes les villes et les bourgades, enseignant dans toutes les synagogues, proclamant la Bonne Nouvelle du Royaume et guérissant toute maladie et toute langueur.» Ce «refrain» qui clôt bon nombre de récits est comme la signature du Christ.

L'annonce du Royaume est l'annonce du bonheur, de la joie, du triomphe de l'amour sur le mal. L'Evangile commence par les Béatitudes. Le Royaume qu'elles promettent, c'est le triomphe sur toute possibilité de mal, tel que le Christ le vivra dans sa mort et dans sa résurrection.

La rencontre de Jésus et du mal est beaucoup plus profonde : c'est la rencontre avec le péché, comme nous le voyons en Matthieu 8, 16-17 : «Le soir venu, on lui présenta beaucoup de démoniaques ; il chassa les esprits d'un mot, et il guérit tous les malades ; afin que s'accomplit l'oracle d'Isaïe le prophète : Il a pris nos infirmités et s'est chargé de nos maladies.»

Jésus vient pour soulager, pour lutter contre le mal. Son attitude n'est pas une résignation au mal puisqu'il luttera à mort contre le mal. Mais ce qu'il voit en dernière analyse, c'est le péché. C'est la raison pour laquelle l'Evangile lie toujours la Parole qui annonce le Royaume, la guérison des malades, et l'expulsion des démons. L'annonce du Royaume suppose ces trois réalités fondamentales. Rappelons-nous Isaïe 53, le grand poème du Serviteur souffrant : «Il a pris sur lui nos infirmités et s'est chargé de nos maladies.» «Il a été transpercé à cause de nos péchés, écrasé à cause de nos crimes.»

La rencontre du mal, c'est vraiment la rencontre avec le péché. Le mal, c'est d'abord le péché. Tous les miracles sont des préfigurations de la manifestation de la gloire de Dieu. Relisons la fin du récit de la résurrection de Lazare :

«Quand Marthe apprit que Jésus arrivait, elle alla à sa rencontre, tandis que Marie restait assise à la maison. Marthe dit à Jésus : "Seigneur, si tu avais été ici, mon frère ne serait pas mort. Mais maintenant encore, je sais que tout ce que tu demanderas à Dieu, Dieu te l'accordera." Jésus lui dit : "Ton frère ressuscitera." – "Je sais, dit Marthe, qu'il ressuscitera à la résurrection, au dernier jour." Jésus lui dit : "Je suis la résurrection. Qui croit en moi, même s'il meurt, vivra ; et quiconque vit et croit en moi ne mourra jamais. Le crois-tu ?" Elle lui dit : "Oui, Seigneur, je crois que tu es le Christ, le fils de Dieu, qui vient dans le monde" [3].»

4 - La rencontre avec le mal : occasion de confession de foi

La rencontre du Christ avec le mal va permettre la confession de foi. La mort de Lazare est pour Marthe l'occasion d'une confession de foi semblable à celle de Pierre : la confession du Christ comme Fils de Dieu. On constate l'existence d'un quiproquo entre Jésus et Marthe : «ton frère ressuscitera», lui dit Jésus et Marthe répond : «je sais qu'il ressuscitera au dernier jour». Le Seigneur prend un ton solennel et lui dit : «Je suis la résurrection, qui croit

3. Jean 11, 20-27.

en moi, s'il meurt vivra et quiconque vit et croit en moi ne mourra jamais. Crois-tu cela ? » Et alors Marthe, surprise devant le mystère du Christ, ne peut que répondre : « Oui, Seigneur, lui dit-elle, je crois que tu es le Christ, le Fils de Dieu qui doit venir en ce monde. »

C'est au cœur de la mort, de la maladie et de la souffrance, que Marthe découvre vraiment le Christ. Elle fait cette découverte alors qu'elle se trouve comme dans une impasse : son frère mort, déjà putréfié, « en est au quatrième jour », c'est-à-dire au jour de l'affirmation officielle de la mort du malade. C'est le moment où l'on reconnaît que ce qui s'est passé est définitif.

Dans ce récit centré sur la mort se réalise une des plus belles confessions de foi, la confession de foi par excellence, la même qu'a faite Pierre au chapitre 6 de Jean, ou au chapitre 16 de Matthieu. De la rencontre avec le mal jaillissent la résurrection et la gloire.

Dans l'Evangile, tous les miracles préfigurent la victoire de la croix. Ils n'ont d'intelligence que dans sa lumière. Remarquons que le Christ est passé près de nombreux malades sans les guérir. Le but des miracles n'est pas de faire des gestes extraordinaires, mais de préfigurer le Royaume. Les miracles sont l'annonce de la résurrection du Christ.

5 - Au cœur de la rencontre du Christ avec le mal : son dialogue d'amour avec son Père

Dans la résurrection de Lazare, Jésus transforme la rencontre avec le mal en un acte de bénédiction. Reprenons la lecture du texte : « Jésus dit : ''enlevez la pierre'' ; Marthe lui dit : ''Seigneur, il sent déjà.'' ''Ne t'ai-je pas dit, reprend Jésus, que, si tu crois, tu verras la gloire de dieu'' — Alors on enleva la pierre et Jésus, levant les yeux, dit: ''Père, je te rends grâce de m'avoir exaucé, je savais que tu m'exauces toujours, mais c'est pour tous les hommes qui m'entourent que je te parle, afin qu'ils croient que tu m'as envoyé'' [4].» Au cœur de la vie du Christ, se trouve la bénédiction: «Je te bénis Père, d'avoir caché ces choses aux sages et aux puissants et de les avoir révélées aux petits; Père, je te rends grâce de m'avoir exaucé. Je savais bien que tu m'exauces toujours [5].» C'est le dialogue d'amour entre le Père et le Fils. Reprenons notre récit: « Le Christ, à ce moment-là, prit la parole et cria d'une voix forte: ''Lazare viens ici, dehors.''Le mort sortit, les mains et les pieds liés de bandelettes, et le visage enveloppé d'un suaire. Jésus leur dit: ''Déliez-le et laissez-le aller'' [6].»

Lorsqu'on dit au Christ qu'il est bon, il riposte: «Non, Dieu seul est bon.» Il renvoie à son Père. A la base de tout il y a un amour, qui peut être voilé, que nous ne voyons pas, que nous ne comprenons pas, qui peut demeurer sans réponse. Pourquoi le Christ ne répond-il pas? A la question sur le mal, le Christ répond en situant le problème à un tout autre niveau, en ne regardant ni le péché, ni le mal, mais en voyant là une occasion de rencontre de l'homme avec Dieu. Pour qu'un homme devienne pleinement homme, il faut qu'il rencontre la souffrance et la mort. C'est pourquoi le Christ se situe au niveau de la conversion des cœurs. Il cherche à déplacer notre regard.

Qui d'entre nous ne s'est pas posé la question alors qu'il était malade: qui a péché, quelle faute ai-je commise? Cela jaillit du

4. Jean 11, 39-42.
5. Matthieu 11, 25.
6. Jean 11, 43-44.

Prière

Seigneur, donne-nous de te rencontrer, donne-nous de croire qu'en toi nous pouvons triompher du mal. C'est toi qui t'es chargé de nos infirmités, de nos maladies et de nos péchés.

Donne-nous de croire que ton amour est déjà triomphant dans ce monde d'atrocité où règne le mal, que le Royaume de Dieu est déjà là, humble, petit, minuscule et cependant porteur de la toute-puissance de la Résurrection.

Seigneur, apprends-nous à croire à ta résurrection qui est la manifestation de la toute puissance de l'Amour de Dieu triomphant de tout mal.

Père, apprends-nous à confesser le Christ, à confesser la splendeur de ton Christ, fais que nous ne cessions de regarder son vrai visage, car tout ne s'explique que dans sa relation d'Amour avec Toi.

Seigneur, apprends-nous à tenir dans l'épreuve parce que tu es là, compatissant. Donne-nous de comprendre que nos souffrances, nos péchés, le mal qu'il y a dans le monde, sont enveloppés par une force plus forte que tout, qui triomphe de la mort et de l'enfer, et que tu es le premier né d'entre les morts, venu nous entraîner à ta suite dans la vie éternelle.

Chapitre 2

La lutte contre Satan et le dévoilement des cœurs

1 - Le combat contre Satan

Après avoir étudié dans l'Ancien Testament, les cris, l'angoisse, la souffrance du peuple de Dieu et la puissance extraordinaire du mal dans le monde, après avoir vu la façon dont le Seigneur parlait du mal en le situant dans la vision de la gloire de Dieu, nous allons aborder ce combat contre Satan.

Le bien à faire est un absolu qui a pour règle fondamentale la miséricorde

Notre expérience nous montre, et ceci est paradoxal, que la plupart du temps, quand nous cherchons à faire le bien, nous ren-

chez à me tuer, moi, un homme qui vous ai dit la vérité, que j'ai entendue de Dieu. Cela, Abraham ne l'a pas fait ! Vous faites les œuvres de votre Père. " Ils lui dirent : " Nous ne sommes pas nés de la prostitution ; nous n'avons qu'un seul Père : Dieu. " Jésus leur dit : " Si Dieu était votre Père, vous m'aimeriez, car c'est de Dieu que je suis sorti et que je viens ; je ne viens pas de moi-même ; mais lui m'a envoyé. Pourquoi ne reconnaissez-vous pas mon langage ? C'est que vous ne pouvez pas entendre ma parole. Vous êtes du diable, votre père, et ce sont les désirs de votre père que vous voulez accomplir. Il était homicide dès le commencement et n'était pas établi dans la vérité, parce qu'il n'y a pas de vérité en lui ; quand il profère le mensonge, il parle de son propre fond, parce qu'il est menteur et père du mensonge. Mais parce que je dis la vérité, vous ne me croyez pas. Qui d'entre vous me convaincra de péché ? [2] " »

Ce texte montre comment la liberté chrétienne se définit dans la liberté du Christ : c'est le Fils qui est libre, c'est le Fils qui libère, c'est le Fils qui habite la maison du Père, et si donc vous devenez fils vous demeurerez dans la maison du Père. Si donc le Fils vous libère, vous êtes réellement libres. Remarquez avec quelle violence le Christ intervient ici ! Il pose la question de la reconnaissance de l'autre dans son mystère, en rétorquant aux Juifs qu'ils ne peuvent pas reconnaître son langage, sa parole, parce qu'ils sont du diable, leur père. Telle est la marque effrayante inscrite sur l'humanité et que nous retrouvons partout : vous êtes du diable votre père, ce sont les désirs de votre père que vous voulez accomplir ; or, Satan est menteur et père du mensonge. Le cœur du mal, c'est le mensonge, car il rend homicide. On est d'ailleurs bien ici dans un contexte d'homicide : on veut tuer le Christ, le perdre, et le Christ en est parfaitement conscient. Mais il veut dévoiler ce qui est au cœur du Père. Il est le fils envoyé

2. Jean 8, 31-46.

du Père, par le Père; il est l'amour de Dieu révélé, celui qui peut dire: «Qui de vous me convaincra de péché?» Quel homme peut dire cela? Et il accuse celui qui était homicide depuis le commencement, qui n'est pas établi dans la vérité, parce qu'il n'y a pas de vérité en lui. Le mensonge vient de son propre fond. Le Christ vient de son Père. Le diable tire ses actions de son propre fond, il vient de lui-même, il n'est pas envoyé. C'est toute la structure évangélique qui est ici en jeu. Il y a d'une part la situation de celui qui est envoyé, envoyé dans une relation d'amour, de dialogue, de reconnaissance. Et il y a celui qui parle de son propre fond, parce qu'il est menteur et père du mensonge.

Nous pouvons également prendre la scène de la femme adultère: «que celui qui n'a pas péché lui jette la première pierre [3]». Le Christ, lui, n'a pas de péché. Il est l'Innocent au cœur du monde, mais il met en question ce monde. Il n'a qu'à exister, à être là, pour mettre à jour le monde. Remarquons à ce propos que tous les systèmes totalitaires, matérialistes, ou pseudo-spiritualistes sont dans cette situation: ils parlent de leur propre fond, ils ne parlent pas à partir de la vérité.

Or, nous sommes là au cœur du problème. Il s'agit de croire en la vérité, de se laisser découvrir par la vérité, de reconnaître le langage de l'Evangile, un langage de paternité et de filiation. On devient fils dans le Christ, et on peut alors prétendre ne pas être né de la prostitution. Si on ne reconnaît pas le Christ, on n'est pas de Dieu: «Si Dieu était votre Père, vous m'aimeriez, car c'est de Dieu que je suis sorti et que je viens.»

3. Jean 8, 7.

ne heurtes du pied quelque pierre. " Jésus lui dit : " Il est encore écrit : Tu ne tenteras pas le Seigneur, ton Dieu. "

De nouveau le diable le prend avec lui sur une très haute montagne, lui montre tous les royaumes du monde avec leur gloire et lui dit : " Tout cela, je te le donnerai, si, te prosternant, tu me rends hommage. " Alors Jésus lui dit : " Retire-toi, Satan ! Car il est écrit : C'est le Seigneur ton Dieu que tu adoreras, et à Lui seul tu rendras un culte. "

Alors le diable le quitta. Et voici que des anges s'approchèrent, et ils le servaient [5]. »

Ce texte de Matthieu reprend gratuitement toutes les tentations d'Israël : la tentation de chercher sa nourriture en dehors de Dieu (*cf.* Deutéronome 6, Exode 17), la tentation de renier Dieu par la puissance (*cf.* les quarante ans du peuple de Dieu au désert). La tentation de se construire lui-même, au besoin en piétinant ses voisins, est très profonde dans le cœur de l'homme. Rappelons-nous « le Grand Inquisiteur » de Dostoïesvsky, cette image de l'homme qui joue en quelque sorte le rôle du messie en donnant du pain à tous ses semblables, mais en échange de leur liberté. Cette tentation n'épargne personne : tout être humain préfère la nourriture terrestre à la nourriture céleste. Il s'agit donc de choisir : écouter la Parole de Dieu ou se centrer sur soi. Chaque tentation revient finalement à une fermeture vis-à-vis de Dieu : l'homme se ferme à l'adoration, oublie l'adoration « en esprit et en vérité ». A l'opposé, il peut se situer dans la vérité : celle d'un être qui par lui-même n'est rien, qui accepte d'obéir à la Parole de Dieu, d'en vivre, faute de quoi il cherche l'aventure de la toute-puissance.

---

5. Matthieu 4, 1-11.

Ultimement, l'homme doit choisir entre la fermeture, le choix du rien, et l'ouverture sur le tout du mystère de Dieu.

Mais cela implique que l'homme avance sur le chemin que Dieu invente pour lui, et non sur celui qu'il s'invente à lui-même. Or, nous voulons constamment passer là où justement le Seigneur veut que nous ne passions pas.

Il s'agit donc pour chacun de nous de découvrir la conduite divine, la conduite humble de Celui qui veut sauver les hommes dans la miséricorde. Regardons l'attitude du Christ, en Jean 13, celle d'un serviteur qui se met aux pieds des hommes. Cette attitude l'a conduit à la mort. Elle mène chacun de nous par le même chemin que celui du Christ, c'est-à-dire à découvrir que la gloire n'est pas dans le messianisme triomphant mais dans l'humble conduite divine. Ce qui nous fait comprendre que la tentation, dans son état suprême, c'est l'agonie, qui est à proprement parler un combat (c'est le sens du mot en grec) :

« Il sortit et se rendit, comme de coutume, au mont des Oliviers, et les disciples aussi le suivirent. Parvenu en ce lieu, il leur dit : " Priez, pour ne pas entrer en tentation. "

Puis il s'éloigna d'eux d'environ un jet de pierre et, fléchissant les genoux, il priait en disant : " Père, si tu veux, éloigne de moi cette coupe !

Cependant, que ce ne soit pas ma volonté, mais la tienne qui se fasse ! " Alors lui apparut, venant du ciel, un ange qui le réconfortait. Entré en agonie, il priait de façon plus instante, et sa sueur devint comme de grosses gouttes de sang qui tombaient à terre.

Se relevant de sa prière, il vint vers les disciples qu'il trouva

Satan, débarrassé de toute imagerie, se manifeste par cette présence au cœur de l'homme du mensonge, de l'impuissance à rencontrer la Parole de Dieu et à lui obéir. Cette présence est celle de quelqu'un, d'un être personnel (c'est bien ainsi que le mentionne l'Evangile), qui est homicide depuis le commencement. Tout son être est de nier. Or, tout homme passe par des moments où il est pris par l'envie de nier, pour le simple plaisir de nier, parce que le mal est dans la négation, comme une sorte de grimace hideuse.

Dans l'Evangile, la tentation existe à cette profondeur : l'homme est pris entre la tentation de suivre le Seigneur, et celle d'écouter la voix de celui qui n'est rien devant Dieu, ni devant l'homme, et qui pourtant peut nous entraîner dans la négation de nous-mêmes, nous occulter le mystère de la vérité d'une façon dramatique.

Tout péché, quelle que soit sa profondeur, peut être pardonné, à condition que l'homme s'en remette à la miséricorde de Dieu. Mais Satan, c'est « l'anti-miséricorde ». Nous sentons bien, au fond de notre cœur, ce que cela signifie. N'avons-nous pas tous eu la tentation de masquer la miséricorde et de manquer de miséricorde ?

Le texte de Jean au chapitre 8, nous donne une description de Satan qu'il faut méditer :

« Vous êtes du diable, votre père, et ce sont les désirs de votre père que vous voulez accomplir. Il était homicide dès le commencement et n'était pas établi dans la vérité, parce qu'il n'y a pas de vérité en lui, et quand il profère le mensonge il parle de son propre fond, parce qu'il est menteur et père du mensonge [9]. »

---

9. Jean 8, 44.

Il faudrait pouvoir mener une réflexion en profondeur sur le mensonge, comme le fait Soljenitsyne à propos du mensonge comme structure d'une société, dans des pages d'une lucidité étonnante. Satan met en œuvre cette structure du mensonge pour nous plonger dans l'ambiguïté et dans le mal. Son but est de faire de nous des êtres dépourvus d'existence, alors que Dieu nous donne la vocation d'exister dans l'amour. Satan est celui qui rend esclave, alors que le Christ est celui qui délivre. Le vrai problème pour nous, est de nous situer du côté de la délivrance, peut-être au prix de notre vie. Le christianisme vécu en vérité nous demande de passer par la croix pour découvrir la paix et la joie. Dans toute l'histoire du monde, Satan met constamment en pièces le plan de Dieu. Et c'est le Christ qui le raccommode, qui rafistole les filets, comme on les répare après la pêche pour reprendre du poisson.

Il faut donc croire à l'existence et à l'action mystérieuse de Satan, mais le faire avec cette liberté divine, la liberté de Dieu qui est déjà de l'amour, un amour triomphal présent dans nos vies.

Les images que donne l'Apocalypse sont celles d'un combat à mort, parce que c'est notre salut qui est en jeu. Si le monde est dans cette situation de misère, c'est parce que Satan y est à l'œuvre. Un drame terrible s'y joue, au cœur duquel sont présentes la joie, la croix, et la résurrection.

5 - A la suite du Christ, nous participons à son combat

« En définitive, rendez-vous puissants dans le Seigneur et dans la vigueur de sa force. Revêtez l'armure de Dieu, pour pouvoir résister aux manœuvres du diable. Car ce n'est pas contre des

« Père, que ta volonté soit faite et non la mienne » : c'est au cœur de ce mystère-là que tu nous attends. Nous aurons notre heure, à nous d'être forts, d'aimer sans mesure, d'être au pied de nos frères, d'humbles serviteurs, pauvres, n'ayant qu'une arme : la Parole de Dieu.

Nous sommes dans un combat aux dimensions du monde, mais nous savons que la puissance des ténèbres ne triomphera pas, car la Parole de Dieu est vivante, elle qui triomphe de tout.

Chapitre 3

Puissance et faiblesse de la plénitude de l'Amour

1 - Ce qui fait scandale pour nous dans la vie du Christ

Poursuivant cette réflexion sur le problème du mal dans la vie du Christ, nous abordons maintenant non pas la puissance et la faiblesse de la plénitude de l'Amour, mais la puissance et la faiblesse comme plénitude de l'Amour.

«Il a été crucifié en raison de sa faiblesse, mais il est vivant par la puissance de Dieu. Et nous aussi, nous sommes faibles en lui,

Suit un texte sur la stupidité des générations qui entourent le Christ :

« A qui comparerai-je cette génération, à l'ensemble des gamins assis sur une place qui en interpellent d'autres en disant : "On vous a joué de la flûte et vous n'avez pas dansé, nous avons chanté un chant funèbre et vous n'êtes pas venu vous frapper la poitrine ?" Jean revient, nous mangeons et nous buvons, et l'on dit, il est possédé. Vient le Fils de l'homme, mangeant et buvant, et l'on dit "Voilà un glouton et un ivrogne, un ami des publicains et des pécheurs", mais justice est rendue à la sagesse par ses œuvres. [4] »

Il nous faut essayer de mesurer ce que signifie ici la faiblesse de la chair : le Fils de Dieu est traité de possédé, d'ivrogne, de glouton et d'ami des pécheurs. Dans le livre du Lévitique, le glouton, l'ami des pécheurs, l'ivrogne sont promis à la lapidation. C'est donc dans un contexte de mort que nous place d'emblée ce texte. Le Christ sait bien, en entendant les calomnies qu'on répand contre lui, qu'il va vers le drame, et il ajoute : « justice est rendue à la sagesse par ses œuvres. » Puis, il maudit les villes du bord du lac qui ne sont pas converties. C'est alors qu'éclate ce qu'on peut appeler le chant du Christ.

3 - La faiblesse du Christ se transforme en chant de joie

Ce chant du Christ tient en trois lignes, mais c'est peut-être le résumé le plus merveilleux que nous ayons de tout l'Evangile : c'est un chant au Père et à sa conduite dans le monde : « En ce temps-là Jésus prit la parole et dit : "Je te bénis, Père, Seigneur du ciel et de la terre, d'avoir caché cela aux sages et aux intelligents et de l'avoir révélé aux tout-petits. Oui, Père, car tel a été

4. Matthieu 11, 16-19.

ton bon plaisir. Tout m'a été remis par mon Père, et nul ne connaît le Fils si ce n'est le Père, et nul ne connaît le Père si ce n'est le Fils, et celui à qui le Fils veut bien le révéler." [5]»

Au cœur même de la mort qui s'annonce, le Christ chante son Père ou plutôt dévoile qui il est. Action de grâces pour les tout-petits qui comprennent le bon plaisir de Dieu, action de grâces pour ceux qui ne s'effrayent pas devant la façon dont le Christ doit réaliser la volonté du Père, action de grâces pour la conduite de Dieu sur son Fils, action de grâces pour l'amour infini du Père et sa complaisance d'amour.

Il n'y a pas de plus beau chant que cette exultation du Christ qui accepte tout et qui prend tout sur lui. Jésus va à la mort comme le plus faible des hommes, il la connaîtra comme le plus faible des hommes, et pourtant, il est tout entier dans l'action de grâces envers son Père. Le mystère du Christ, c'est cette faiblesse reçue, acceptée, qui a pénétré dans la chair jusqu'au bout, et qui se transforme en un chant d'amour très simple, dépourvu de toute exaltation. A travers ce texte se dévoile, se manifeste la réciprocité des consciences, celles du Père et du Fils, incluses l'une dans l'autre : «Je suis dans le Père et le Père est en moi, je ne suis jamais seul.»

Mais il faut comprendre que cette faiblesse du Christ qui assume notre condition humaine n'est pas négative. C'est au contraire ce positif propre à l'Evangile, par lequel la petitesse se transforme en gloire et en action de grâces. Lorsqu'ils sont brisés par la souffrance, les hommes ont la tentation de se révolter. Le Christ, pendant toute sa vie, et jusqu'en face de la mort, ne cesse de chanter.

5. Matthieu 11, 25-27.

repas, alors que le diable avait mis au cœur de Judas Iscariote, fils de Simon, le dessein de le livrer, sachant que le Père lui avait tout remis entre les mains et qu'il était venu de Dieu et qu'il s'en allait vers Dieu, il se lève de table, dépose ses vêtements, et, prenant un linge, il s'en ceignit. Puis il met de l'eau dans un bassin et il commença à laver les pieds des disciples et à les essuyer avec le linge dont il était ceint. Il vient donc à Simon-Pierre, qui lui dit : "Seigneur, toi, me laver les pieds ?" Jésus lui répondit : "Ce que je fais tu ne le sais pas à présent ; par la suite tu comprendras." Pierre lui dit : "Non, tu ne me laveras pas les pieds, jamais !" Jésus lui répondit : "Si je ne te lave pas, tu n'as pas de part avec moi." Simon-Pierre lui dit : "Seigneur, pas seulement les pieds, mais aussi les mains et la tête !" Jésus lui dit : "Qui s'est baigné n'a pas besoin de se laver ; il est pur tout entier. Vous aussi, vous êtes purs ; mais pas tous." Il connaissait en effet celui qui le livrait ; voilà pourquoi il dit : "Vous n'êtes pas tous purs." Quand il leur eut lavé les pieds, qu'il eut repris ses vêtements et se fut remis à table, il leur dit : "Comprenez-vous ce que je vous ai fait ? Vous m'appelez Maître et Seigneur, et vous dites bien, car je le suis. Si donc je vous ai lavé les pieds, moi le Seigneur et le Maître, vous aussi vous devez vous laver les pieds les uns aux autres. Car c'est un exemple que je vous ai donné, pour que vous fassiez, vous aussi, comme moi j'ai fait pour vous. En vérité, en vérité, je vous le dis, le serviteur n'est pas plus grand que son maître, ni l'envoyé plus grand que celui qui l'a envoyé. Sachant cela, heureux êtes-vous, si vous le faites. Ce n'est pas de vous tous que je parle ; je connais ceux que j'ai choisis ; mais il faut que l'Ecriture s'accomplisse : "Celui qui mange mon pain a levé contre moi son talon." Je vous le dis, dès à présent, avant que la chose n'arrive, pour qu'une fois celle-ci arrivée, vous croyiez que Je Suis. En vérité, en vérité, je vous le dis, qui accueille celui que j'aurai envoyé m'accueille ; et qui m'accueille, accueille celui qui m'a envoyé." [7]»

7. Jean 13, 1-20.

Cette scène très simple présente le service comme un abaissement : servir, c'est se mettre aux pieds de ceux qu'on sert, donner sa vie pour ceux qu'on aime.

A l'inverse de ce que nous pensons, la toute-puissance selon le cœur de Dieu est dépourvue de toute violence, alors que, du fait de l'insertion du péché dans le monde, la toute-puissance humaine comporte toujours une dimension de violence.

Le Christ récuse la violence. Non pas qu'il soit un non-violent, au sens moderne du mot. Il vient au monde pour manifester le visage scandaleux de l'Amour, le visage défiguré qui nous révèle qui est Dieu. Dans sa première Epitre, saint Pierre dit que « le Christ prend le sarreau de l'humilité ».

Dans le texte de Jean, Pierre ne veut pas que le Christ lui lave les pieds : « Si je ne te lave pas les pieds, tu n'auras pas de part avec moi. » Nous sommes tous, comme Pierre, orgueilleux ; nous n'aimons pas qu'on nous lave les pieds. Or, le Dieu Tout-Puissant, qui connaît son Fils et que le Fils connaît, ce Seigneur et Maître, se manifeste dans le lavement des pieds. C'est là qu'il se dévoile. Et toute la suite des événements montre qu'il y a entre le Père et le Christ une extraordinaire communion d'amour : « le Père est en moi, et je suis dans le Père ». Tout ce que fait le Père, le Fils le fait également, et tout ce que fait le Fils, le Père le fait également. Cette réciprocité d'amour s'affirme au cœur même de la souffrance.

Chez saint Jean, la montée à la croix est une manifestation de gloire, parce qu'elle est la plénitude de l'obéissance au Père, la transfiguration de cette obéissance, un abaissement qui va jusqu'au bout.

ou de la sagesse. Moi-même, je me suis présenté à vous faible, craintif, et tout tremblant, et ma parole et mon message n'avaient rien des discours persuasifs de la parole ; c'était une démonstration d'Esprit et de puissance, pour que votre foi reposât, non sur la sagesse des hommes, mais sur la puissance de Dieu [9]. »

7 - La faiblesse, c'est la mort transfigurée par la Croix et la Résurrection

Paul croit à la Résurrection. C'est pourquoi, lorsqu'il parle de faiblesse, il pense à la mort transfigurée par la puissance de Dieu qui agit en lui, et le rend capable de porter témoignage d'une façon extraordinaire. La faiblesse qu'il expérimente est une réceptivité. Au cœur de la vie de Paul, comme au cœur de la vie de tous les apôtres, se manifeste la puissance agissante de la Résurrection qui transforme les hommes. La Parole broie les cœurs, disjoint les moelles, atteint les hommes au plus profond de leur être, parce qu'elle porte en elle la puissance de la résurrection dans la mort. Autrefois, pendant le Carême, le rituel dominicain proposait cette phrase : « au milieu de la vie, nous sommes dans la mort ». Elle traduit parfaitement le réalisme de la vie, à condition de voir que, dans la mort, la résurrection est déjà en action, une action parfois très peu apparente, mais bien réelle.

La plénitude de l'Amour n'existe que dans la puissance et la faiblesse, ou plus exactement dans la faiblesse habitée par la puissance de Dieu. Vous connaissez le mot du curé d'Ars : « Il faut avoir serré dans ses mains les épines, pour qu'on en sente le baume. » Il faut serrer dans ses mains les épines, jusqu'à ce que nos mains saignent et que le sang passe, le sang du Christ dans le nôtre, en une communion d'amour et de vérité.

9. 1 Corinthiens 2, 1-2.

Prière

Seigneur, donne-nous d'entrer dans ton mystère d'amour: tel a été ton bon plaisir, telle a été ta complaisance d'amour. Nul ne connaît le Fils si ce n'est le Père, nul ne connaît le Père si ce n'est le Fils.

Seigneur, donne-nous de découvrir que l'amour, est abaissement, don absolu, perte de soi pour l'amour des autres.

Seigneur, donne-nous de nous glorifier de nos faiblesses. Que la faiblesse triomphe en nous, par la résurrection du Christ, que nous soyons des témoins de la résurrection, des témoins de la toute-puissance du mystère de Dieu.

Nous sommes faibles, bien sûr, mais par la puissance de Dieu, nous serons forts, forts de la puissance éternelle de Dieu, forts de sa paix, de sa joie, de son amour. Ne nous laissons pas scandaliser par la faiblesse de Dieu. Dieu est faible, apparemment faible, parce qu'Il est le Tout-Puissant et parce qu'Il a assumé notre faiblesse.

Puisqu'il est venu nous sauver, demandons au Seigneur de découvrir notre péché, notre misère. Découvrons cet amour infini que le Seigneur a pour nous.

Seigneur, apprends-nous à prier, fais de nous des enfants, des enfants qui ne s'effrayent pas des difficultés de l'Eglise, des difficultés des chrétiens, des difficultés du monde et qui portent cela dans la faiblesse.

Seigneur, nous voudrions être comme le Christ, pure bénédiction, dans la pure transparence de Dieu. « Je te bénis Père, Seigneur du ciel et de la terre, d'avoir caché cela aux sages et aux intelligents et de l'avoir révélé aux tout-petits. »

Seigneur, donne-nous d'être des tout-petits, des tout-petits dans ta mort, ouverts sur ta résurrection, que nous soyons vivants par la puissance de Dieu, à cause de la faiblesse du Christ, le Christ crucifié et vainqueur, le vainqueur de la mort.

Chapitre 4

Jésus pleure sur Jérusalem

1 - L'ampleur du mal dans le regard du Christ

Les pleurs du Christ sont un sujet particulièrement mystérieux, difficilement accessible à notre mentalité moderne, en raison d'une sorte de malaise quant à la notion de salut.

Prenons le texte de Matthieu qui évoque les lamentations du Christ sur Jérusalem : «Jérusalem, Jérusalem, toi qui tues les prophètes et lapides ceux qui te sont envoyés, que de fois j'ai voulu rassembler tes enfants à la manière dont une poule rassemble ses poussins sous ses ailes..., et vous n'avez pas voulu ! Eh bien ! votre demeure va vous être laissée déserte. Je vous le dis, en effet, désormais vous ne me verrez plus, jusqu'à ce que vous disiez : Béni soit celui qui vient au nom du Seigneur [1] ! »

Ce texte se place dans le contexte de la lutte finale entre le Christ et les pharisiens. Le Christ vient de dénoncer avec une violence inouïe leur hypocrisie et leur vanité : « Malheur à vous, scribes et pharisiens hypocrites », il faudrait plutôt traduire : « Vous êtes bien malheureux », pour rendre correctement cette insistance du Seigneur devant le péché des hommes.

Le texte le plus central de ces malédictions est le suivant : « Malheureux êtes-vous, scribes et pharisiens hypocrites, qui acquittez la dîme de la menthe, du fenouil et du cumin, après avoir négligé les points les plus graves de la loi, la justice, la miséricorde et la bonne foi, c'est ceci qu'il fallait pratiquer sans négliger cela. Guides aveugles, qui arrêtez au filtre le moustique et engloutissez le chameau [2] ! »

L'enjeu de ce texte, c'est la justice, la miséricorde et la bonne foi. La justice, c'est-à-dire la sainteté au sens biblique du mot : être saint comme Dieu est saint, la miséricorde et la bonne foi, c'est-à-dire le cœur de l'existence, telle que le Christ l'a définie, à la suite des prophètes : le cœur d'une intériorité renouvelée par un amour transformant. Le Christ dénonce particulièrement l'hypocrisie, c'est-à-dire la distinction que nous faisons volontairement ou non, entre le dire et le faire, cette distorsion tragique qui consiste à se présenter comme religieux sans l'être

1. Matthieu 23, 37-39.
2. Matthieu 23, 23-24

vraiment. Il demande à ses disciples de ne pas se laisser prendre à ces attitudes qui peuvent nous atteindre tous.

Notons au passage que le chapitre 23 de Matthieu est construit sur sept malédictions, le chiffre parfait.

Jésus se trouve dans la même situation que tous les prophètes : il doit affronter la mort, parce qu'il a dénoncé le cœur qui n'était pas tourné vers Dieu : « ce cœur m'honore des lèvres, mais ne me rend pas l'honneur qui m'est dû [3] ».

Alors, le Christ pleure devant sa ville, la ville qu'il chérit, devant laquelle il a porté témoignage, et il pleure parce qu'elle n'a pas compris le message de paix, le message messianique que Dieu lui annonçait. « Ah ! si en ce jour, tu avais compris toi aussi le message de paix, mais il est demeuré caché à tes yeux. Oui, des jours de malheur vont fondre sur toi. »

En annonçant les châtiments qui vont fondre sur Jérusalem, le Christ annonce les conséquences du mal, et ne peut s'empêcher de pleurer en pensant au sort de Jérusalem. Plus important encore que la destruction de la ville, ce qui motive l'attitude du Christ, c'est l'ampleur du péché : Il vient rencontrer les hommes, les appeler, mais la plupart refusent, n'écoutent pas, ne comprennent pas ; ils ne reconnaissent pas le temps de la visite.

Jérusalem a été traitée avec une faveur particulière par le Seigneur. Il y est monté au moins trois fois, si l'on se réfère à Saint

---

3. Matthieu 15, 8.

Jean. Or, Jérusalem le refuse. L'homme est capable de fermer la porte à Dieu, de laisser Dieu de côté, et cela de multiples manières. Et le Christ annonce des châtiments qui vont fondre sur Jérusalem, sa disparition, et la destruction du Temple...

2 - La rencontre de deux libertés: liberté divine et liberté humaine

Que Jérusalem puisse dire non, c'est le mystère de la rencontre de la liberté divine du Christ et de la liberté humaine.

«Filles de Jérusalem, ne pleurez pas sur moi, pleurez plutôt sur vous-mêmes et vos enfants.» «Si l'on traite ainsi le bois sec, qu'en sera-t-il du bois vert? [4]»

Le Christ ne pleure pas sur lui-même. Tous les Evangiles s'accordent pour dire qu'il va à la croix dans le calme et la lucidité. Il pleure sur la ville qui se refuse, qui se ferme. Le mystère de la vie du Christ, c'est ce mystère de sa rencontre avec les âmes qui se refusent, qui n'entrent pas dans le chemin de Dieu, ou qui y sont rentrées mais qui en sortent: mystère de la rencontre avec les libertés humaines. Mais le Christ, pas même au moment le plus dramatique de sa vie, n'exerce la moindre pression. Prenons par exemple, au chapitre 6 de Jean, le discours sur le pain de vie. Quand Pierre dit à Jésus: «Vers qui irions-nous? Tu as les paroles de la vie éternelle», le Christ ne fait aucune pression sur lui pour qu'il confesse sa foi. Il le laisse totalement libre: «vous aussi, vous allez me quitter».

---

4. Luc 23, 28 et 31.

Un conférencier a employé un jour l'expression suivante : « le Christ n'exclut personne ». Il ne s'agit pas d'exclure : c'est nous qui nous excluons ; le Christ n'exclut pas. Dieu agit en nous, il nous appelle et nous avons à dire « oui ». Mais il n'y a pas d'exclusion. Le Seigneur nous demande de le suivre sur le chemin qu'il prend. Dans toute vie humaine, il y a des moments où le Seigneur passe, et il faut le recevoir. A certaines heures, nous sommes visités et il faut être présents bien que ce soit imprévisible : cela vient selon le bon plaisir de Dieu. Il dépend seulement de nous que nous y soyons disposés. Le Seigneur se présente, appelle, provoque, insiste, mais si nous refusons, il ne fera pas effraction : il nous respecte et c'est peut-être ce que nous avons le plus de mal à accepter.

Dieu respecte les hommes jusqu'au bout. Nous avons tous des excuses, pour le mal, le péché, pour la « non-venue » du Royaume de Dieu dans nos vies. Il y a mille et un enchaînements qui nous empêchent de faire ce que nous voudrions, d'être nous-mêmes, qui s'opposent à ce que nous voudrions être.

Or, nous oublions que tout est réalisable dans l'écoute de la Parole de Dieu, la prière et la fidélité.

3 - Les dérobades de la liberté humaine

Les libertés se dérobent plus ou moins gravement au mystère de Dieu, comme nous le montre ce texte de Matthieu :

« Or voici qu'un homme s'approcha et lui dit : " Maître, que dois-je faire de bon pour posséder la vie éternelle ? " Jésus lui dit :

“Qu’as-tu à m’interroger sur ce qui est bon ? Un seul est le Bon. Si tu veux entrer dans la vie, observe les commandements.” — “Lesquels ?” lui dit-il. — “Eh bien, reprit Jésus : Tu ne tueras pas, tu ne commettras pas d’adultère, tu ne voleras pas, tu ne porteras pas de faux-témoignage, honore ton père et ta mère, et tu aimeras ton prochain comme toi-même.” Le jeune homme lui dit : “Tout cela je l’ai gardé ; que me manque-t-il encore ?” — “Si tu veux être parfait, lui dit Jésus, va, vends ce que tu possèdes, donne-le aux pauvres, et tu auras un trésor aux cieux ; puis viens, suis-moi.” Quand il entendit cette parole le jeune homme s’en alla contristé, car il avait de grands biens [5].»

Le choix qui se présente à cet homme doit retenir notre attention : la plupart du temps, le choix ne porte non pas sur des choses mauvaises, mais sur des choses bonnes. Choisir Dieu, c’est le choisir pour lui-même.

4 - Pierre retrouve sa liberté dans le regard du Christ

Regardons Pierre dans ce passage tragique et admirable de sa vie qu’est sa trahison :

«Les soldats se saisirent de Jésus, l’emmenèrent et le firent entrer dans la maison du Grand Prêtre. Pierre suivait à distance. Comme ils avaient allumé un grand feu au milieu de la cour et s’étaient assis ensemble, Pierre s’assit au milieu d’eux. Une servante, le voyant assis à la lumière du feu, le fixa du regard et dit : “Celui-

5. Matthieu 19, 16-22.

là aussi était avec lui." Mais il nia: "Femme, dit-il, je ne te connais pas." Peu après, un autre dit en le voyant: "Toi aussi, tu es des leurs." Pierre répondit: "Je n'en suis pas." Environ une heure plus tard, un autre insistait: "C'est sûr, disait-il, celui-là était avec lui; et puis, il est Galiléen." Pierre répondit: "Je ne sais pas ce que tu veux dire." Et aussitôt, comme il parlait encore, un coq chanta. Le Seigneur, se retournant, posa son regard sur Pierre; et Pierre se rappela la parole du Seigneur qui lui avait dit: "Avant que le coq chante aujourd'hui, tu m'auras renié trois fois." Il sortit et pleura amèrement [6].»

La vie de Pierre est toute orientée vers le Christ. C'est lui qui a confessé le Christ le premier, qui a reçu du Père la révélation: «Ce n'est ni la chair, ni le sang, qui te l'a révélé, mais mon Père qui est aux cieux [7].» Et voilà qu'il nie avoir jamais connu le Christ. Depuis trois ans, il parcourt la Judée et la Galilée avec le Christ et il ose dire ne pas le connaître!... Notre péché, c'est précisément de ne pas reconnaître qu'on était avec lui.

Pierre redécouvre sa liberté dans le regard du Christ. Si nous avons péché, nous pouvons nous retrouver dans le regard du Christ. Nous ne sommes pas dans un monde clos, le monde des imprécations, des malédictions. Le monde du Seigneur est tout autre: tout homme quel qu'il soit, quelque crime qu'il ait commis, peut se renouveler entièrement, totalement, jusqu'au bout, peut redevenir absolument neuf.

Pierre n'est finalement lui-même qu'après avoir renié trois fois, et après avoir confessé à trois reprises son amour pour le Christ ressuscité.

---

6. Luc 22, 54-62.
7. Matthieu 16, 17.

Le visage de Pierre est sculpté dans cette liberté : une liberté de refus, mais capable de se reprendre. Le propre de l'homme est de pouvoir se reprendre, parce que dans l'acte que nous posons, nous ne nous engageons jamais tout entier. C'est ce qui différencie l'homme de l'ange : l'ange est un être spirituel, qui s'engage dans son acte de façon totale et définitive. L'homme, quoi qu'il ait fait, peut se reprendre. Il a la possibilité de changer, de se transformer. Pierre s'est converti : « Toi donc, quand tu seras revenu, affermis tes frères [8]. »

5 - Judas : mystère de la trahison suprême

Le cas de Judas est bien plus tragique :

« Sur ces paroles, Jésus fut troublé en son esprit et déclara : "En vérité, en vérité, je vous le dis, l'un de vous me livrera." Les disciples se regardaient les uns les autres, ne sachant de qui il parlait. Un de ses disciples, celui que Jésus aimait, se trouvait à table tout contre Jésus ; Simon-Pierre lui fait signe et lui dit : "Demande de qui il parle." Celui-ci, se penchant alors vers la poitrine de Jésus, lui dit : "Seigneur, qui est-ce ?" — "C'est celui à qui je donnerai la bouchée que je vais tremper", répond Jésus. Et, trempant la bouchée, il la prend et la donne à Judas, fils de Simon l'Iscariote. A ce moment-là, après la bouchée, Satan entra en lui. Jésus lui dit alors : "Ce que tu as à faire, fais-le vite." Mais cette parole, aucun des convives ne comprit pourquoi il la lui disait. Comme Judas tenait la bourse, plusieurs pensaient que Jésus voulait dire : "Achète ce qu'il nous faut pour la fête", ou qu'il lui com-

---

8. Luc 22, 32.

mandait de donner quelque chose aux pauvres. Aussitôt la bouchée prise, Judas sortit. Il faisait nuit [9]. »

Remarquons que, comme au moment de la mort de Lazare, le Christ est troublé dans son esprit.

Le Christ sait qu'il rentre dans sa passion, et il se trouve devant la trahison suprême, qui va le mener à la mort.

Qu'en est-il du sort éternel de Judas ? Nous n'en savons rien, et nous n'avons pas à le savoir, parce que le Seigneur ne l'a pas confié aux Ecritures. Certaines phrases peuvent faire frémir : « Il aurait mieux valu pour cet homme qu'il ne fût jamais né [10] ! » Mais ce sont peut-être des phrases de souffrance devant ce que représente cette trahison.

Ce qui est en jeu ici, c'est la possibilité d'une trahison définitive, qui ne puisse pas se reprendre. Il ne s'agit pas de juger ni de condamner qui que ce soit, mais de prendre conscience qu'on peut trahir le Christ jusqu'au bout. Devant cela, le Seigneur ne biaise pas. Il invite Judas à agir rapidement. Il sait que Judas le trahit, mais ce qui importe, c'est la possibilité d'une trahison définitive, la possibilité qu'un homme s'installe dans le mal de façon définitive, alors que la possibilité du pardon lui est toujours offerte jusqu'à la mort, jusqu'au dernier instant de sa vie.

Nous ne savons pas ce qui s'est passé pour Judas, même si le texte des Actes dit qu'il s'est « fendu par le milieu », formule qui

9. Jean 13, 21-30.
10. Matthieu 26, 24.

traduit la violence de la réaction de Judas devant son propre crime, mais qui n'est pas une affirmation portant sur son salut éternel. Il est heureux que cette ignorance nous soit imposée, parce que le Seigneur est miséricordieux, et nous pouvons espérer que tous les hommes seront sauvés. « J'ai veillé afin qu'aucun ne se perde, sauf le fils de perdition [11]. »

Il y a une doctrine refusée par l'Eglise, qu'on appelle l'apocatastase. Elle vient d'Origène. Il pensait que, quand tous les hommes auraient péché, le Seigneur « rattraperait » tout une nouvelle fois, remettrait tout dans la lumière. Tout serait remis dans la rotondité parfaite, puisque pour Origène, le rond, le cercle, est la chose la plus parfaite qui soit.

Nous savons que le mal peut vraiment nous séparer de Dieu. D'où notre devoir de prier pour les hommes qui passent par la mort, au moment de leur agonie, comme tous les saints l'ont recommandé.

6 - Le tragique du monde, c'est le drame du mensonge

La possibilité de refuser la venue du Seigneur est réelle. Saint Luc le rappelle dans une parabole :

« A ces mots, l'un des convives lui dit : "Heureux celui qui prendra son repas dans le Royaume de Dieu !" Il lui répondit :

---

11. Jean 17, 12.

" Un homme donnait un grand dîner, auquel il invita beaucoup de monde. A l'heure du dîner, il envoya son serviteur dire aux invités : " Venez ; maintenant tout est prêt. " Mais tous, unanimement, se mirent à s'excuser. Le premier lui dit : " J'ai acheté une terre et il me faut aller la voir ; je t'en prie, tiens-moi pour excusé. " Un autre dit : " J'ai acheté cinq paires de bœufs et je pars les essayer ; je t'en prie, tiens-moi pour excusé. " Un autre dit : " Je viens de me marier, et pour cette raison je ne puis venir. "

A son retour, le serviteur rapporta cela à son maître. Le maître de maison, courroucé, dit à son serviteur : " Va-t-en vite par les places et les rues de la ville, et amène ici les pauvres, les estropiés, les aveugles et les boiteux. " — " Maître, dit le serviteur, tes ordres sont exécutés, et il y a encore de la place. " Le maître alors dit à son serviteur : " Va-t-en par les chemins et le long des clôtures, et fais entrer les gens de force afin que ma maison se remplisse. Car je vous le dis, aucun de ces hommes qui avaient été invités ne goûtera de mon dîner " [12]. »

Toutes les raisons invoquées pour s'excuser de ne pas venir voir Jésus sont positives. Il est parfaitement légitime d'acheter une terre et de vouloir aller la visiter, d'essayer les cinq paires de bœufs, ou encore de se marier et pour cette raison de ne pas venir.

Mais il s'agit de nouveau d'un choix entre des biens différents : le Seigneur demande de lui sacrifier tout ce que notre cœur peut donner, tout ce à quoi il a légitimement droit.

Nous avons toujours des excuses, des alibis. Le tragique du monde, c'est le drame des mensonges. Le Christ appelle Satan, père du mensonge. La croix vient du refus de l'homme qui

12. Luc 14, 15-24.

entraîne la mort du Christ. Nous sommes habitués à voir la croix non pas comme un objet d'horreur, mais comme un objet d'honneur : la croix orne nos maisons. Pourtant elle est finalement le témoignage d'un amour refusé.

7 - Le Christ se livre au Père et nous délivre

Saint Jean nous parle de la rencontre entre la liberté de l'homme et la liberté de Dieu qui s'est apparemment soldée par un échec :

« Il était dans le monde, et le monde fut par lui, et le monde ne l'a pas reconnu. Il est venu chez lui, et les siens ne l'ont pas reçu [13]. »

Il faut mettre en parallèle cette parole du Christ :

« Père, pardonne-leur, ils ne savent pas ce qu'ils font [14]. »

La dernière parole du Christ en saint Luc est une parole de pardon pour ceux qui se refusent. Rien n'est joué ; tout est encore jouable, dans la miséricorde de Dieu. Cela implique pour nous une double attitude : d'une part une attitude qui consiste à découvrir l'ampleur du péché dans nos vies marquées par la misère et la fragilité humaines, et d'autre part une prise de conscience de la souffrance du Christ à cause du péché. Lorsqu'il redescend du

---

13. Jean 1, 10-11.
14. Luc 23, 34.

mont de la transfiguration, le Christ prononce une phrase assez étonnante qui reprend un passage de l'Exode à propos du veau d'or: «Jusques à quand vous supporterai-je? [15]» En montant vers sa Passion, le Christ va entrer dans un abîme de souffrance. Cette souffrance ne cesse d'être présente au tréfonds de la conscience du Christ.

La liberté du Christ qui se dévoile ici, en nous délivrant, nous livre à l'amour du Père. La croix est triomphale, mais dans la nuit, l'agonie et la souffrance. Dans l'Evangile, le Christ dénonce le péché plus fortement qu'aucun saint ne pourra jamais le faire. Le mal est dévoilé pour le salut du monde, mais dans un même mouvement, et plus profondément encore que le péché, est dévoilée la transcendance de l'Amour de Dieu: l'Amour de Dieu triomphe de tout.

15. Matthieu 17, 17.

Prière

Seigneur, apprends-nous à découvrir l'ampleur du mal, l'ampleur du péché.

Seigneur, nous savons que nous pouvons dire non. Apprends-nous à ne pas opposer de refus : que ta grâce toute-puissante sauve nos libertés. Délivre-nous, Seigneur, apprends-nous à ne pas nous excuser lorsque tu nous dis de venir prier cinq minutes, apprends-nous à être dociles.

Seigneur, donne-nous de croire que ton message est un message d'amour et de paix.

Seigneur, donne-nous de reconnaître le temps de ta visite, d'être de ceux qui, au moment où tu frappes à la porte – « Je me tiens à la porte et je frappe » comme dit l'Apocalypse – ouvrent leurs cœurs à l'intimité de ton amour.

Seigneur, donne-nous d'être dans ton intimité et d'y vivre avec toi.

Chapitre 5

La gloire de la croix

1 - Jésus demande à son Père d'être glorifié, de manifester au monde qui Il est

Saint Jean nous servira de guide tout au long de cette étude. Nous prendrons tout d'abord le chapitre 12, dans lequel le Fils demande à son Père de le glorifier. Ce texte est parfois désigné sous le terme de «l'agonie en saint Jean». On y trouve en effet cette formule: «Père, sauve-moi de cette heure» qui rappelle celle des synoptiques : « Père, que cette coupe s'éloigne de moi. » Prenons donc ce texte :

« Maintenant mon âme est troublée. Et que dire ? Père, sauve-moi de cette heure ? Mais c'est pour cela que je suis arrivé à cette heure. Père, glorifie ton Nom ! Une voix vint alors du ciel : "Je l'ai glorifié et je le glorifierai à nouveau." La foule qui se tenait là et qui l'avait entendu, disait que c'était un coup de tonnerre ; d'autres disaient "C'est un ange qui lui a parlé." Jésus reprit : "Ce n'est pas pour moi que cette voix s'est fait entendre, mais pour vous. C'est maintenant le jugement de ce monde ; maintenant le prince de ce monde va être jeté bas ; et moi, une fois élevé de terre, j'attirerai tous les hommes à moi" [1]. »

L'âme du Christ est troublée devant la mort qui approche, et il demande à son Père d'être sauvé de cette heure.

« L'heure » chez saint Jean, désigne le moment décisif, le moment de la croix. C'est le moment le plus solennel, l'heure fixée de toute éternité par le Père, pour sauver le monde. Et le Christ ajoute : « Mais c'est pour cela que je suis arrivé à cette heure. Père, glorifie ton Fils, glorifie ton Nom ! » Le nom est très important, car il révèle la nature même de la personne, son identité. Le Christ demande à son Père de révéler, de dévoiler au monde qui il est. Il s'adresse à son Père, car c'est Lui qui a l'initiative de tout.

La glorification du Fils par le Père est toujours inséparable de l'attirance de tous les hommes à Dieu : le Christ est venu, pour attirer tous les hommes à Lui.

---

1. Jean 12, 27-32.

« Moi lorsque j'aurai été élevé de terre, j'attirerai tous les hommes à moi. » Chez saint Jean et dans les Synoptiques, ce « moi » divin est d'une intensité extraordinaire ; il se pose lui-même en face de tout et décide de cette vision du salut comme vision de glorification, c'est-à-dire de manifestation de la nature et de la personne même de Dieu.

Si nous voulons comprendre qui est Dieu, c'est dans cet unique moment qui est l'heure du Christ, que nous pouvons y parvenir. Saint Jean la présente sous l'aspect de gloire. Une voix vient en effet du ciel : « je l'ai glorifié et je le glorifierai encore ». Le Christ a été glorifié durant sa vie terrestre, mais le sommet de cette gloire va être la croix, avant la glorification décisive, que constitue la résurrection.

Dans saint Jean, tout est ordonné à la gloire. A travers toute son existence terrestre, le Fils glorifie le Père, c'est-à-dire manifeste qui Il est. « Je ne cherche pas ma gloire. » Le Christ ne peut dévoiler qui il est sans faire référence au Père. Une vision du Christ qui ne serait pas centrée sur le mystère du Père serait aberrante. De même, une vision qui serait purement christologique, ne pourrait pas tenir : le Christ ne se définit, n'existe que par rapport à son Père ; il n'est que pour son Père et ne fait que dévoiler son Père. Rappelons-nous le texte des noces de Cana qui se termine par ces mots : « Tel fut le premier des signes de Jésus. Il l'accomplit à Cana en Galilée. Il manifesta sa gloire et ses disciples crurent en Lui [2]. »

Le premier des miracles de Jésus est une glorification, c'est-à-dire le dévoilement de qui Il est, et c'est pour cela que les disci-

---

2. Jean 2, 11.

ples crurent en Lui. Ce miracle est le signe des noces du Christ et de l'Eglise. Désormais, à partir des noces de Cana, toute la vie du Christ sera une manifestation de sa gloire. Il dit lui-même: «Ma nourriture est de faire la volonté de Celui qui m'a envoyé et d'accomplir son œuvre» [3], ce qui fait écho à la grande prière sacerdotale, «Je t'ai glorifié sur la terre, j'ai achevé l'œuvre que tu m'avais donnée à faire», au chapitre 17 de saint Jean.

Le Christ n'a qu'une œuvre à faire, l'œuvre du salut, c'est-à-dire à nous introduire dans sa vie pour nous faire connaître son Père. S'il donne sa vie, c'est pour que nous connaissions le Père, et Lui, son Fils, qui a été envoyé par le Père. Notre foi doit toujours garder cet équilibre; elle doit toujours envisager le Christ dans son rapport au Père; dans sa structure même, il est Fils, et n'a de sens que par rapport à son Père. Il est le Fils qui réalise l'œuvre de son Père, et qui en fait la sienne propre.

La gloire, dans le sens hébreu du terme, c'est la densité d'un être. A travers ses miracles, le Christ dévoile qui Il est, sa densité d'être, celle d'être Dieu: «Avant qu'Abraham fût, Je suis.» Au sens biblique du mot «Je suis» signifie «Je suis Yahvé», Je suis celui qui sauve, celui qui fait exister tous les êtres, l'existant par excellence. Or, dans son incarnation, le Fils manifeste un abaissement qui a besoin d'être transfiguré dans la gloire de Dieu pour que soit manifestée la gloire du Père.

Le Fils demande à son Père d'être glorifié; il a besoin de la glorification de la croix. Il ne s'agit plus de dérision, comme dans la scène avec Pilate, mais d'une glorification qui nous

3. Jean 4, 34.

permet de découvrir ce qui est au cœur du mystère de Dieu : l'Amour.

2 - Le Fils dévoile au monde l'amour que le Père lui porte

La véritable dimension de la gloire, c'est la plénitude de l'amour. Pensons au texte de saint Jean, qui ouvre les discours du Christ : « Si Dieu a été glorifié en lui, Dieu aussi le glorifiera en lui-même, et c'est aussitôt qu'il le glorifiera [4]. » Si le Père a été manifesté par le Fils, à travers toute sa vie terrestre — sa vie, ses miracles, ses paroles, son action —, le Père à son tour va manifester qui est le Fils. Dans la formule : « c'est aussitôt qu'il le glorifiera », « aussitôt » marque la structure trinitaire du mystère : du moment que le Père a été glorifié, il glorifiera le Fils. La réciprocité d'amour entre le Père et le Fils fait qu'ils se dévoilent l'un l'autre dans l'Esprit-Saint.

Il ne reste plus au Père qu'à glorifier son Fils de la gloire qu'il avait auprès de lui avant que le monde fût. Ce qui éclaire tout le chapitre 17, c'est l'amour qui existe entre le Père et le Fils de toute éternité : « Je leur ai donné la gloire que tu m'as donnée pour qu'ils soient un comme nous sommes un, moi en eux et toi en moi pour qu'ils parviennent à l'unité parfaite et que le monde puisse connaître que c'est toi qui m'as envoyé et que tu les as aimés comme tu m'as aimé. Père, je veux que là où je suis, ceux que tu m'as donnés soient aussi avec moi, et qu'ils contemplent la gloire que tu m'as donnée, car tu m'as aimé dès avant la fondation du monde. Père juste, tandis que le monde ne t'a pas connu, moi je t'ai connu et ceux-ci ont reconnu que tu m'as envoyé, je leur ferai connaître ton nom, et je leur ferai connaître encore, afin que l'amour dont tu m'as aimé soit en eux, et moi en eux [5]. »

---

4. Jean 13, 32.
5. Jean 17, 22-26.

La gloire était flamboyante sur le Sinaï avec Moïse, elle fut également très visible dans la nuée et dans le temple; elle disparaît un peu avec Elie puisque c'est dans le murmure de la parole au cœur même d'Elie que se présente la gloire de Dieu. Maintenant, c'est dans la prière du Christ et son engagement au service de son Père que se manifeste la gloire. Elle se manifeste de façon définitive, de façon absolument décisive, elle se manifeste par le témoignage de l'amour.

La seule chose que le Père ait à nous dévoiler, c'est son amour. La fin de tous les dons de Dieu, c'est que nous soyons unis entre nous d'une unité semblable à celle qui existe entre le Père et le Fils: «Je veux que là où je suis, ceux que tu m'as donnés soient aussi avec moi, et qu'ils contemplent la gloire que tu m'as donnée, car tu m'as aimé dès avant la création du monde.»

Si nous sommes vraiment chrétiens, si nous nous insérons dans la prière sacerdotale au sens le plus fort du mot, nous sommes appelés à découvrir ce qui est central dans le mystère de Dieu: l'amour du Père et du Fils. Il y a en Dieu un mystère de réciprocité d'amour, de pure réceptivité de la part du Fils, le Fils dévoilant et manifestant qu'il est aimé depuis toujours de son Père, et qu'il n'est que cela: la plénitude d'amour de son Père, enveloppée par la plénitude d'amour de l'Esprit. «Car tu m'as aimé avant la création du monde. Père juste, tandis que le monde ne t'a pas connu, je t'ai connu, et ceux-ci ont reconnu que tu m'as envoyé, je leur ai fait connaître ton nom, et leur ferai connaître encore, afin que l'amour dont tu m'as aimé soit en eux, et moi en eux.»

Nous sommes au sommet même de l'Evangile. A travers ce qui va se passer, la passion et la crucifixion, le Christ révèle Dieu dans ce qu'il est au plus profond de lui-même, au-delà de ce que nous pouvons imaginer. Saint Thomas d'Aquin dit que « nous connaissons de Dieu, non pas ce qu'il est, mais ce qu'il n'est pas. » Cela signifie que nous ne connaissons qu'en négatif, sauf quand le Christ nous introduit dans l'amour trinitaire, quand nous partageons la connaissance même que le Père a de son Fils, et le Fils de son Père.

« Je leur ai fait connaître ton nom, et je leur ferai connaître encore afin que l'amour dont tu m'as aimé soit en eux, et moi en eux. » La montée de l'amour de Dieu est toujours à l'infini, de commencement en commencement, « par des commencements qui n'auront jamais de fin », selon la célèbre formule de Saint Grégoire de Nysse, qui veut traduire cette montée incessante dans l'amour du Père.

Nous sommes conduits à reconnaître l'identité entre l'amour du Fils et son obéissance, tout au long des chapitres 13 à 17 de saint Jean, qui mettent ces deux réalités au premier plan. Il faut ici se dégager de la vision moderne de la loi. Pour nos contemporains, la loi est une décision prise arbitrairement, de façon conventionnelle, pour permettre un certain ordre, et, dans certains cas, elle est conçue comme un impératif catégorique.

Pour les anciens, pour toute la tradition biblique, la loi est lumière : lex = lux. Entrer dans le commandement de Dieu, c'est entrer dans sa lumière. Tout le psaume 119 (118) est un chant constant à la gloire de Dieu, à sa lumière, qui nous prend dans l'obéissance de l'amour.

Dans le Christ, obéissance et amour sont identiques. Le Christ n'est qu'obéissance à son Père, ne fait que ce que veut son Père ; il ne dévoile que son Père, ne manifeste que son Père. Ses œuvres ne sont pas ses œuvres, ses miracles ne sont pas ses miracles, mais ceux de son Père.

3 - Identité entre amour personnel du Père et amour personnel du Fils dans l'Esprit

Au chapitre 17, saint Jean insiste fortement sur l'immanence entre le Père et le Fils : « Qu'ils soient un, comme nous sommes un, moi en eux et toi en moi, pour qu'ils parviennent à l'unité parfaite [6]. » Le Père est dans le Fils, et le Fils est dans le Père. Si bien que le Christ peut dire : « Qui me voit voit le Père [7]. » C'est là que réside la spécificité chrétienne. Il faut découvrir ce mystère de « circumincession », c'est-à-dire d'enveloppement réciproque entre le Père, le Fils et le Saint Esprit. Nous sommes en effet enveloppés par l'amour qui existe entre le Père et le Fils, nous sommes pris par cet amour, et engagés dans cet amour. Ce qui se passe sur terre n'est que le reflet de ce qui se passe dans l'éternité. « L'amour dont tu m'as aimé dès avant la création du monde », cet amour qui existe depuis toujours, dans lequel tout a été décidé dès avant la création du monde est l'amour même dont nous vivons dans le mystère chrétien. Le Fils est venu pour nous le dévoiler.

« Si Dieu a été glorifié en lui, Dieu aussi le glorifiera en lui-même, et c'est aussitôt qu'il le glorifiera [8]. » La gloire du Père a une immédiateté absolue avec la présence du Fils. La gloire du Père, c'est le Fils. Dans le Fils, tout est dévoilé. C'est pourquoi

6. Jean 17, 22.
7. Jean 14, 9.
8. Jean 13, 32.

les récits de la passion, dans tous les évangiles et surtout dans saint Jean, sont le dévoilement de la gloire du Père.

4 - La réalité du scandale du mal: le péché tue le corps du Fils de Dieu, mais la gloire est au cœur de sa mort

En saint Jean, comme dans toute vie chrétienne, la gloire est au cœur de la mort, car elle est donnée dans la mort.

Ce qui apparaît aux yeux du monde, c'est un homme blessé à mort, au cœur ouvert par un coup de lance. La mort semble triompher. Le scandale du mal va jusque-là: cet homme, qui est le Fils du Père, est mis à mort. «Il est venu chez les siens et les siens ne l'ont pas reçu»; ils l'ont tué, de la façon la plus outrageuse, la plus ignoble, en le faisant mourir sur la croix. Pour les Romains en effet, cette mort était la plus abominable qui soit. Nous le savons par de nombreux témoignages, en particulier celui de Cicéron.

«Glorifie ton Fils.» La gloire est vraiment la mort transfigurée, non pas niée, mais totalement dépassée.

Dans la personne du Christ se produit un véritable renversement: «Quand vous m'aurez élevé de terre, j'attirerai tout à moi.» Tout ce qui est négatif devient positif. Venu du Père, le Christ retourne au Père. Le chapitre 13 de saint Jean commence par ces mots: «Jésus, sachant que son heure était venue de passer de ce monde à son Père, sachant qu'il venait de Dieu et qu'il retournait à Dieu.» Le mouvement est remarquablement construit: le Fils sait d'où il vient et où il va; il s'engage sur un terrain qu'il connaît par lui-même, comme s'il l'avait en quelque sorte déterminé, et il demande à être glorifié de la gloire qu'il avait auprès du Père, avant que le monde fût.

Cette gloire n'échappe pas à la mort, mais la bouleverse, la renouvelle. Elle lui donne un sens absolument nouveau, la nouveauté du mystère de Dieu.

« Père, glorifie-moi » vise l'acceptation par le Père du sacrifice de son Fils. La résurrection est l'approbation définitive par le Père de la personne de Jésus et de son amour. Elle suppose l'acceptation totale de l'amplitude du péché.

Dans sa structure, le péché est en quelque sorte la mort de Dieu, parce qu'il est : « l'anti-amour ». Il tue Dieu au fond de nos cœurs, parce qu'il brise l'amour et le détruit.

Le Seigneur a laissé le péché aller jusqu'au bout de sa logique, c'est-à-dire jusqu'à tuer Dieu. Puisque Dieu a pris un corps en s'incarnant, le péché tue réellement le corps du Fils de Dieu. Le Christ est livré aux mains des hommes, comme il l'avait annoncé chaque fois qu'il a prédit sa passion. Mais le dévoilement du péché est indissociable du dévoilement de la gloire. Nous ne découvrirons la gloire que si nous découvrons le péché. Si nous avons tant de mal à entrer dans les perspectives du sacrifice, qui est propre à la Révélation, c'est parce que nous ne savons plus très bien ce qu'est le péché. Nous sommes habitués à nous analyser en termes de déterminisme ou de liberté, mais nous oublions que c'est au cœur même de notre liberté que se joue le mystère de Dieu.

En face de ce péché capable de refuser Dieu jusqu'au bout, l'homme peut se murer en lui-même, se « barricader » contre Dieu.

Mais Dieu le Père reste toujours celui qui aime, qui fait miséricorde envers et contre tout, comme nous le montre le chapitre 15 de saint Luc. Au retour de son enfant perdu, le Père se jette à son cou, ce qui signifie qu'il accepte de faire passer son Fils par la croix.

5 - Le mystère de la croix, mystère d'un cœur blessé à mort, qui sauve par le don de l'Esprit

Le Fils est le don du Père, comme le dit saint Jean : « Dieu a tant aimé le monde qu'il a donné son Fils unique, afin que quiconque croit en lui ne se perde pas, mais ait la vie éternelle. Car Dieu n'a pas envoyé son Fils dans le monde pour juger le monde, mais pour que le monde soit sauvé par lui [9]. »

Dieu donne son Fils. Il n'est pas dit qu'il sacrifie son Fils. De toute éternité, le Fils est le don du Père. Comme Fils, il se reçoit du Père, il est pure réceptivité à l'égard de son Père. Tout son être reflète le mystère de son Père, et il devient notre don. Le Père nous le livre jusqu'au bout, c'est-à-dire jusqu'à ce qu'il en meure, et ceci pour traduire l'extrême de l'amour. Le salut est le don du Fils : être sauvé, c'est recevoir le Fils.

Révélation ultime de la plénitude de l'amour, le cœur du Christ est ouvert sur la croix par le coup de lance :

« Alors, arrivés à Jésus, ils constatèrent qu'il était déjà mort, ils ne lui brisèrent pas les jambes, mais un des soldats d'un coup

9. Jean 3, 16.

de lance le frappa au côté, et aussitôt il en sortit du sang et de l'eau. Celui qui a vu en rend témoignage. Son témoignage est conforme à la vérité. D'ailleurs celui-là sait qu'il dit vrai, afin que vous croyiez. En effet, tout cela est arrivé pour que s'accomplisse l'Ecriture : pas un seul de ses os ne sera brisé. Un autre passage de l'Ecriture dit : ils regarderont vers celui qu'ils ont transpercé [10]. »

C'est le cœur du Christ qui s'ouvre, mais c'est aussi le cœur du Père, puisque le Christ n'est que l'image de son Père, la transparence de son Père. Le Père ouvre son cœur si parfaitement que les fleuves d'eaux vives jaillissent pour effacer le péché et sauver le monde, en communiquant la vie. Le soir de Pâques, dans saint Jean, le Christ donne l'Esprit-Saint aux apôtres, pour le communiquer au monde.

Le mystère de la croix, c'est l'ouverture d'un cœur blessé à mort, qui transforme tout en amour, et sauve tout par le don de l'Esprit. Tout est donné, tout est livré. Le Fils n'a rien gardé pour lui-même.

Quand nous voulons parler de l'amour, je pense que c'est l'image du cœur du Christ qui est la plus parlante, un cœur si parfaitement ouvert que l'Esprit est donné, lui qui est l'amour entre le Père et le Fils. On trouve en saint Jean cette phrase étonnante : « L'Esprit me glorifiera. » Les trois Personnes interviennent : le Père glorifie son Fils, le Fils glorifie son Père, l'Esprit glorifie le Père et le Fils. Ce n'est pas un jeu de miroir, mais le « jeu » de l'amour.

---

10. Jean 19, 33-37.

On peut maintenant saisir l'opposition apparente qui existe entre la vision de la dérision et la vision de gloire. Le Christ passe par la croix pour parvenir au triomphe suprême, triomphe qui se réalise au travers d'une mort infâme, affrontée en pleine lucidité, avec une sorte de suprême transparence.

Ces deux visions de dérision et de gloire sont en fait la même réalité, vue sous deux angles différents, l'angle de la dérision montre le mystère du Christ dans sa douleur, mais le mystère de la croix est transfiguré par la lumière de l'Esprit.

Sur la croix, le Christ est en butte aux moqueries : « qu'il descende de la croix, et nous croirons en lui [11] ». La seule réponse que le Christ ait à donner, c'est d'ouvrir son cœur. Des fleuves d'eaux vives peuvent jaillir ; la mort est vaincue ; la résurrection se profile. Ce mystère doit être saisi selon une ligne trinitaire, la ligne de l'amour du Père, du Fils et de l'Esprit, et selon une ligne verticale, celle du plan de Dieu sur le monde : l'éternité se reflète dans notre monde mortel.

11. Marc 15, 32.

Prière

Père, donne-nous de découvrir que tu nous as aimés dès avant la fondation du monde, que tu nous as donné ton Fils, ton Fils unique.

Seigneur, donne-nous de nous laisser pénétrer dans ton cœur si parfaitement que des fleuves d'eaux vives coulent en nous, et que nous sachions comme saint Ignace, chanter: «J'ai en moi une eau qui me dit: Viens vers le Père.» Aller vers le Père de toutes les miséricordes, vers le Père de toutes les lumières, vers le Père de tout don, de tout amour, doit être notre demande.

Père, donne-nous de connaître combien tu es Dieu, le Dieu vivant et vrai, qui pardonne toutes nos misères, toutes nos faiblesses, tous nos crimes, et qui nous enveloppe de sa paix, de sa joie.

Donne-nous de connaître ton Fils comme celui qui t'a glorifié sur terre, qui a achevé l'œuvre que tu lui avais donnée à faire. Nous te demandons de nous glorifier auprès de toi, de la gloire qu'il avait auprès de toi, avant que fût le monde. «Je veux que là où je suis, ils soient aussi avec moi», c'est la prière du Seigneur; que ce soit aussi la nôtre.

Demandons au Père de nous glorifier à l'image de son Fils, de nous glorifier en nous rendant semblables à son Fils, d'être pris dans le même mystère, dans la même joie, dans la même paix.

Que le Seigneur soit notre guide, qu'il nous conduise là où il veut nous conduire, qu'il se manifeste en nous, et que nous le manifestions, que nous soyons, comme dit Saint Paul, des épiphanies de l'amour de Dieu, alors, nous chanterons la gloire de Dieu.

Chapitre 6

Le Christ ressuscité, vainqueur de la mort

1 - La croix, l'heure des ténèbres

Constamment dans l'Evangile, la croix est l'exaspération de la haine, exaspération par laquelle la puissance du mal a voulu triompher du Christ. La haine, dans son expression la plus aiguë, est une action qui veut la mort. La logique du péché, c'est de tuer l'homme au plus profond de son cœur. Dans le cas du Christ, elle sera de le tuer comme homme. Si le péché pouvait voir ce qu'il fait, il verrait qu'il atteint le cœur de Dieu, car c'est bien lui qu'il vise. Le péché est fondamentalement un refus de Dieu par les hommes et par Satan, qui aboutit à la croix, anéantissement du Christ, triomphe apparent du non. Le non de Satan rencontre le oui du Christ, qui est le triomphe de l'amour et de l'obéissance. Mais, dans les apparences, c'est le mal qui triomphe. Rappelons-nous la déception des disciples d'Emmaüs qui attendaient la libération d'Israël.

La croix est unique. Nulle part, ni dans le judaïsme, ni dans aucune religion, n'est jamais apparue l'idée qu'une mort réelle serait le triomphe définitif sur la puissance de Satan. La mort du Christ a toutes les apparences de la défaite : « Mon Dieu, mon Dieu, pourquoi m'as-tu abandonné ? » Elle est pourtant le triomphe sur Satan. La mission du Christ est de pénétrer dans l'abîme inaccessible du mal, et de le transformer en splendeur de lumière et d'amour. La mort, donnée dans le mal, accomplit cette victoire. L'Evangile s'ouvre sur la tentation satanique, tout de suite après le baptême. La croix est la tentation satanique dans toute sa force : « Si tu es Fils de Dieu, descends de la croix et sauve-toi toi-même [1]. » Le Christ laisse triompher le mal en apparence, mais en l'absorbant dans son oui d'obéissance et d'amour adressé à son Père. C'est ce que dit saint Jean : « Quand le Paraclet viendra, il établira la culpabilité du monde en fait de péché, en fait de justice, et en fait de jugement : de péché, parce qu'ils ne croient pas en moi ; de justice, parce que je vais vers le Père et que vous ne me verrez plus ; de jugement, parce que le Prince de ce monde est jugé [2]. » On voit se profiler ici la reprise du procès du Christ. Il convainc le monde de péché, grâce à l'envoi du Saint-Esprit, de délivrance, car la justice est toujours la délivrance par Dieu, et de jugement parce que, comme il le dit lui-même, le Prince de ce monde est jugé. Satan n'est pas un personnage tiré de la

1. Matthieu 27, 40.
2. Jean 16, 8-11.

mythologie. La rencontre de Satan, c'est la rencontre de quelqu'un qui a toute la consistance d'une personne, dont l'œuvre propre est de faire entrer dans le non. Jésus, au contraire, est celui qui fait entrer dans le oui. Saint Paul dit qu'Il est l'Amen de Dieu, le oui aux promesses divines.

L'heure du Christ, son heure définitive, celle à laquelle il est dévoilé comme Fils de Dieu, est l'heure des ténèbres, l'heure de Satan, dont le Christ triomphe définitivement.

2 - Le Ressuscité, c'est le Crucifié

Le Ressuscité n'anéantit pas le Crucifié. Les plaies du Ressuscité sont un rappel incessant de sa mort. Il en va de même pour l'Agneau immolé de l'Apocalypse. Le corps du Ressuscité est le corps du Crucifié transfiguré par la lumière de la gloire, mais c'est le même corps. D'où l'insistance d'un certain nombre de textes du Nouveau Testament sur la corporéité du Christ, textes qui ne doivent donc pas être envisagés dans une perspective d'apologétique mais comme la volonté de manifester que le Christ, entré dans la gloire du Père, reste un homme. C'est le même qui a vécu avec les disciples pendant trois ans, et qui a passé par la mort. Sans cela il y aurait une perte absolue d'identité, un manque de vérité dans la religion chrétienne. Si le Ressuscité n'est pas le Crucifié, notre foi est vaine.

Relisons le chapitre 20 de saint Jean : « Il dit à Thomas : Porte ton doigt ici : voici mes mains ; avance ta main et mets-la dans mon côté, et ne deviens pas incrédule, mais croyant [3]. » La logi-

3. Jean 20, 27.

que est de toucher. Jean ne disait-il pas déjà dans le Prologue de sa première Epître : « Ce que nous avons touché du Verbe de Vie, ce que nous avons palpé du Verbe de Vie [4]... » Cette traduction rend le sens exact, très concret, du mot grec. Ils l'ont connu, ils ont vécu avec lui, et ils le retrouvent, le même que durant sa vie.

Saint Luc dit également : « Voyez mes mains et mes pieds : c'est bien moi ! Palpez-moi et rendez-vous compte qu'un esprit n'a ni chair ni os, comme vous voyez que j'en ai [5]. »

On aurait actuellement tendance à dire que nous sommes sauvés par la naissance du Christ, par son incarnation et par sa résurrection, en omettant la croix. Ceci est absolument impossible. Si la logique de la croix est vraiment la logique du crucifié, nous sommes sauvés bien sûr par l'incarnation du Christ, mais en tant qu'elle est ordonnée à la rédemption.

Reportons-nous à un texte de saint Luc :

« Ainsi est-il écrit que le Christ souffrirait et ressusciterait d'entre les morts le troisième jour, et qu'en son Nom le repentir en vue de la rémission des péchés serait proclamé à toutes les nations, à commencer par Jérusalem. De cela, vous êtes témoins. Et voici que moi, je vais envoyer sur vous ce que mon Père a promis. Vous donc, demeurez dans la ville jusqu'à ce que vous soyez revêtus de la force d'en-haut. » Puis il les emmena jusque vers Béthanie et, levant les mains, il les bénit. Et il advint, comme il les

---

4. 1 Jean 1.
5. Luc 24, 39.

bénissait, qu'il se sépara d'eux et fut emporté au ciel. Pour eux, s'étant prosternés devant lui, ils retournèrent à Jérusalem en grande joie, et ils étaient constamment dans le Temple à louer Dieu [6]. »

Ce texte reprend un texte précédent de l'Ecriture qui soulignait le fait que le Christ devait souffrir et ressusciter, et qu'il annonçait le repentir en vue de la rémission des péchés. Remarquez la logique : le Christ doit souffrir, puis ressusciter d'entre les morts le troisième jour. La liaison entre souffrance et résurrection est nette, et c'est la même que dans les prédictions du Christ. Mais il y a une logique interne de la relation entre souffrance et mort, entre souffrance et gloire. C'est une liaison structurelle. Il ne s'agit pas d'une sorte d'ornementation de quelque chose d'accessoire comme si le Christ avait pu simplement ressusciter. Non, le Christ devait souffrir et ressusciter, et sa souffrance, dans le Nouveau Testament, est toujours liée au péché. Il n'y a de gloire que par la croix, il n'y a de gloire que dans la souffrance. L'Epître aux Philippiens, chapitre 2, le dit clairement : « Il s'est anéanti jusqu'à la mort, jusqu'à la mort sur la croix, c'est pourquoi Dieu l'a exalté. » Non pas que la souffrance soit le seul chemin (la joie fait intrinsèquement, structuralement partie du message évangélique), mais elle ne l'est qu'assumée dans la gloire de Dieu.

Cette souffrance et cette gloire conditionnent l'envoi de l'Esprit. « Comme il les bénissait, il se sépara d'eux et il fut emporté au ciel. » Au moment où il quitte les disciples, le Christ fait le geste souverain du grand-prêtre, en référence à Ecclésiastique 51. La structure de l'Evangile de Luc est tout à fait significative : il commence par le texte de Zacharie dans le Temple, et se termine par

6. Luc 24, 46-53.

la louange des disciples dans le Temple, « Ils étaient constamment dans le Temple à louer Dieu. » La souffrance et la gloire du Christ sont celles du grand-prêtre ; saint Jean parle de la tunique d'un seul tenant, qui est la tunique du grand-prêtre. C'est le grand-prêtre qui envoie l'Esprit et c'est le grand-prêtre qui bénit. Le fondement de ce rapport entre le ressuscité et le crucifié, entre cette bénédiction et cet envoi de l'Esprit, c'est que le Christ a vécu sa mort dans l'amour et l'obéissance. C'est pour cela qu'il vit. Le texte des saintes femmes nous le rappelle : « Ne cherchez pas parmi les morts celui qui est vivant. » Le Vivant est le même qui a vécu sa mort dans l'amour et l'obéissance. Le ressuscité est le crucifié glorifié qui se présente toujours avec ses plaies, comme l'attestation suprême qu'il est bien le même.

3 - Dieu a ressuscité Jésus : Le Père se dévoile en Jésus Christ ressuscité

Les actes des Apôtres emploient la formule : « Il est ressuscité », qui signifie en réalité : « Dieu l'a ressuscité ». « Cet homme qui avait été livré selon le dessein bien arrêté et la prescience de Dieu, vous l'avez pris et fait mourir en le clouant à la croix par la main des impies, mais Dieu l'a ressuscité, le délivrant des affres de l'Hadès [7]. » Dans le Nouveau Testament l'emploi du mot Dieu signifie toujours Dieu le Père. C'est donc le Père qui est actif dans la résurrection du Christ : « Dieu l'a ressuscité, ce Jésus ; nous en sommes tous témoins. Et maintenant, exalté par la droite de Dieu, il a reçu du Père l'Esprit Saint, objet de la promesse, et l'a répandu. C'est là ce que vous voyez et entendez [8]. »

---

7. Actes 2, 23-24.
8. Actes 2, 32-33.

Cette dernière phrase rappelle le prologue de la première Epître de saint Jean «Ce que nous avons vu, ce que nous avons touché du Verbe de Vie...» Il s'agit toujours du témoignage des Apôtres qui ont vécu avec lui et qui attestent que Dieu a vraiment fait sortir le Christ du tombeau et l'a ressuscité.

Toutes les fois où le Ressuscité apparaît, il n'est d'abord pas reconnu : les disciples d'Emmaüs, Marie-Madeleine, sont devant lui, étonnés, parce que c'est lui et ce n'est plus lui, ce n'est plus l'homme avec lequel ils ont vécu, il n'est plus sur le même mode. D'où la différence entre la résurrection du Christ et toute autre résurrection, celle de Lazare par exemple : rien n'a jamais été fondé sur la résurrection de Lazare qui est une résurrection pour notre monde. Celle du Christ se situe à un autre niveau. Il s'agit d'une entrée dans le mystère de Dieu, dans sa gloire. Ce n'est donc pas une résurrection selon la chair, une résurrection matérielle comme celle de Lazare. Lazare revient à la vie, mais c'est pour mourir de nouveau. Le Christ ressuscite pour toujours, dans la gloire de Dieu.

La formule «Dieu l'a ressuscité» est importante, parce qu'elle nous révèle que c'est Dieu qui agit à travers l'homme, le Crucifié que les Apôtres ont connu et que nous rencontrons à travers eux.

Quand il est question de la résurrection, l'Evangile est très discret. Il n'y a pas, comme dans les apocryphes, de manifestation éclatante. Le Ressuscité y est présenté comme un homme qui prépare le repas, qui apparaît à ses apôtres, et vit avec eux. C'est un homme nouveau, et pourtant rien dans son comportement ne donne l'impression que sa présence est éclatante.

4 - Jésus Christ est le Vivant : Il recrée le monde à l'image de son Père

Dieu l'a exalté, Dieu l'a fait resurgir, Dieu l'a réveillé d'entre les morts. Ces formules traduisent quelque chose de neuf, un éveil, une exaltation. Le Christ a été élevé auprès de Dieu ; il partage la puissance divine. Telle est l'annonce fondamentale, comme le montre le texte suivant :

« Le soir, ce même jour, le premier de la semaine, et les portes étant closes, là où se trouvaient les disciples par peur des Juifs, Jésus vint et se tint au milieu et il leur dit : "Paix à vous !" Ayant dit cela, il leur montra ses mains et son côté. Les disciples furent remplis de joie à la vue du Seigneur. Il leur dit alors, de nouveau : "Paix à vous ! Comme le Père m'a envoyé, moi aussi je vous envoie." Ayant dit cela, il souffla sur eux et leur dit : "Recevez l'Esprit Saint. Ceux à qui vous remettrez les péchés, ils leur seront remis ; ceux à qui vous les maintiendrez ils leur seront maintenus" [9]. »

Ce texte est celui qui résume le mieux la signification et la visée fondamentale de l'Evangile, l'apparition du Christ le soir de Pâques. La venue du Seigneur se manifeste toujours par ces paroles : « n'ayez pas peur », « la paix soit avec vous », « paix à vous ». Elles manifestent qu'il est le Fils de l'homme, détenteur de la toute puissance céleste. Puis il souffle sur eux. L'image employée est celle du début de la Genèse, où l'Esprit « soufle sur les eaux ». Le Christ apparaît donc comme celui qui recrée le monde. La résurrection est une re-création, une reprise du monde dans ses pro-

9. Jean 20, 19-23.

fondeurs, jusque dans la mort. Au soir de Pâques, le don de l'Esprit Saint aux apôtres est lié à la rémission des péchés, idée que nous retrouvons dans une des formules des premières confessions de foi : «Je crois au Saint Esprit, dans la Sainte Eglise, pour la résurrection de la chair» : la résurrection de la chair est première, elle engage tout et triomphe de tout, en opérant une re-création du monde : la création se renouvelle tout entière par l'envoi de l'Esprit qui remet les péchés.

Saint Matthieu se situe dans la même perspective. Son Evangile commence par un immense portique, une sorte de grande ouverture magnifique sur le Christ, fils de David, et se termine par l'affirmation solennelle de la puissance du Christ :

«S'avançant, Jésus leur dit ces paroles : "Tout pouvoir m'a été donné au ciel et sur la terre. Allez donc, de toutes les nations faites des disciples, les baptisant au nom du Père et du Fils et du Saint Esprit, et leur apprenant à observer tout ce que je vous ai prescrit. Et voici que je suis avec vous pour toujours jusqu'à la fin du monde" [10].»

Les disciples ont pour mission de baptiser et de transformer le monde par l'observation de ce que le Christ a demandé, c'est-à-dire essentiellement, chez Matthieu, l'amour du petit, de l'ennemi, les béatitudes, et la vérité.

En Marc, la finale de l'évangile manifeste que le triomphe sur le mal commence :

«Il leur dit : "Allez dans le monde entier, proclamez l'Evangile à toute la création. Celui qui croira et sera baptisé, sera sauvé ;

---

10. Matthieu 28, 18-20.

celui qui ne croira pas, sera condamné. Et voici les signes qui accompagneront ceux qui auront cru : en mon nom ils chasseront les démons, ils parleront en langues nouvelles, ils saisiront des serpents, et s'ils boivent quelque poison mortel, il ne leur fera pas de mal ; ils imposeront les mains aux infirmes et ceux-ci seront guéris ! Or, le Seigneur Jésus, après leur avoir parlé fut enlevé au ciel et il s'assit à la droite de Dieu. Pour eux, ils s'en allèrent prêcher en tout lieu, le Seigneur agissant avec eux et confirmant la Parole par les signes qui l'accompagnaient'' [11]. »

5 - Jésus Christ nous engage dans la même aventure que la sienne

Le Christ triomphe du mal par la puissance de Dieu, il recrée le monde à son image et nous engage dans la même aventure que la sienne. Mais nous n'en demeurons pas moins dans un monde dominé par la mort. Tel est le paradoxe de l'Evangile : le mal est déjà vaincu, totalement, définitivement, mais il est encore puissant. Nous en faisons tous l'expérience, dans notre monde d'atrocité et de crimes, de mort et de guerres : le mal est là, il paraît triompher.

Pourtant, le cœur du monde est déjà transformé, transfiguré. Nous affirmons la victoire du Christ, vainqueur de la mort, même si nous sommes encore dans un monde où règne la mort.

11. Marc 16, 15-20.

Le paradoxe évangélique au cœur du monde est le même que celui que nous avons constaté dans la vie du Christ. Une puissance de mal agit de toute sa force, atteignant tous les hommes par la persécution, la maladie, la souffrance et la mort, et semble triompher. Mais au cœur même de ces réalités, c'est à la miséricorde que revient le véritable triomphe.

Ces quelques hommes qui sont envoyés par le monde, alors qu'ils n'avaient jamais quitté le monde juif, vont bouleverser le monde. C'était impensable pour un juif! Ils se lancent à la conquête du monde païen. Ce qui était inconcevable, devient tout à coup possible. Tout va être transfiguré parce que quelques hommes auront cru définitivement que le Christ est le Vivant.

Concernant la vie du Christ ressuscité, les textes sont très sobres. Ils se contentent de poser quelques affirmations solennelles : Il est vivant, Il est ressuscité, Dieu l'a ressuscité, Il a toute puissance. Tout apôtre, quel qu'il soit, à un moment de sa vie, a l'impression de ne rien avoir entre les mains. Cependant, tout nous est donné. La toute-puissance de Dieu est entre nos mains, à notre disposition. Malgré nos péchés, nos faiblesses, nos misères, elle peut tout transfigurer.

Mais dans ces textes, il n'y a aucune exaltation. Il y a une ivresse spirituelle, ivresse sobre, c'est-à-dire pleine de douceur et de paix, pleine d'amour et de vérité. Ce à quoi on reconnaîtra les chrétiens, c'est à l'amour qu'ils auront les uns pour les autres. Le changement le plus fondamental de l'Evangile, qui bouleverse le monde, c'est cette découverte que nous sommes frères. La résurrection se manifeste dans l'amour fraternel et miséricordieux. « Voyez comme ils s'aiment. » Lucien, le Voltaire de l'Antiquité, a cette phrase à propos des chrétiens : « On leur a fourré dans le crâne qu'ils sont frères ! »

Mais la résurrection va beaucoup plus loin. Elle est le commencement de l'affirmation de la résurrection de la chair, bien qu'apparemment, rien ne soit changé dans le monde. Pourtant, tout est transformé, comme en témoigne le sillage de lumière laissé par ceux qui se sont livrés à l'Amour de Dieu, les Saints.

Prière

Seigneur, donne-nous de croire à ta résurrection, à ta résurrection bienheureuse, donne-nous de croire que tu es le Vivant, le tout-puissant, celui qui crée le monde, qui le recrée, qui l'a sauvé, celui qui est passé par la croix, celui qui nous a sauvés par son sang, et celui qui nous bénit. Nous avons à annoncer au monde l'Evangile du Ressuscité, nous avons derrière nous des hommes qui sont des témoins, et nous vivons de ce témoignage.

Que ce témoignage soit notre joie, notre paix, notre lumière et qu'à travers notre vie perce cette joie de la résurrection, cette splendeur de l'amour du Père, cette splendeur de la joie, cette splendeur de la paix.

Seigneur, donne-nous de témoigner pour le monde entier, avec la puissance de l'amour, avec la puissance de l'amour fraternel qui témoignera de ta résurrection.

Seigneur, apprends-nous à prier, apprends-nous à te découvrir, apprends-nous à te demander d'être tout-puissant dans nos vies, apprends-nous à observer tes commandements, à être des hommes de paix et d'amour, à être des hommes qui savent qu'ils vont mourir, mais qui savent plus encore qu'ils vont vivre, vivre de la vie du Christ qui vit en eux.

Chapitre 7

«Garde-les du mauvais»

1 - Qui sommes-nous après la résurrection?

Après la résurrection, les Apôtres, tout en restant dans le monde, ne sont plus du monde. «Je ne te prie pas de les enlever du monde, mais de les garder du Mauvais [1].» Le chrétien reste dans le monde, soumis aux vicissitudes du temps, à toutes les difficultés

1. Jean 17, 15.

du monde. Il n'est pas soustrait à ce qui fait le commun de l'humanité. Le Christ a été un homme comme les autres, le chrétien sera un homme comme les autres.

Cependant, au plus profond de lui-même, c'est un être extraordinaire puisqu'il est «citoyen des cieux», selon la formule qu'emploie souvent Saint Paul: «Notre cité ou plus exactement notre droit de cité est dans les cieux.» En grec le mot qui signifie «droit de cité» a un sens très fort, sans équivalent en français. Il signifie le droit d'être membre d'une ville, au sens de la «polis» grecque, de la ville grecque où tout est parfaitement ordonné.

Le chrétien a donc sa cité dans les cieux, et de ce fait, il habite une cité provisoire, une cité qui est en germe, puisqu'il attend comme dit Saint Paul «la manifestation du Seigneur Jésus Christ, qui transformera notre corps de misère en son corps de gloire, avec la force qu'il a de pouvoir se soumettre toutes choses [2]».

Notre corps demeure un corps de misère. Paul en a parfaitement conscience. Comme il le dit dans la 2e Epître aux Corinthiens, il a connu la misère, il a souffert dans sa chair. Nous n'habiterons donc la cité définitive qu'à la Résurrection. Dans la perspective chrétienne, il faut toujours garder l'horizon eschatologique, l'horizon de la fin des temps, dans lequel toutes choses seront transformées à l'image du corps de gloire du Christ.

---

2. Philippiens 3, 21.

2 - Nous sommes ressuscités avec le Christ

Nous sommes ressuscités avec le Christ. Cette affirmation est essentielle dans la foi chrétienne. La résurrection est déjà à l'œuvre dans notre vie, de façon inchoative, c'est-à-dire d'une façon qui commence, qui débute.

« Ensevelis avec le Christ lors du baptême, vous êtes aussi ressuscités avec lui, parce que vous avez cru en la force de Dieu qui l'a ressuscité des morts. Vous qui étiez morts du fait de vos fautes et de votre chair incirconcise, Il vous a fait revivre avec lui ! Il nous a pardonné toutes nos fautes. Il a effacé, au détriment des ordonnances légales, la cédule de notre dette, qui nous était contraire ; Il l'a supprimée en la clouant à la croix. Il a dépouillé les Principautés et les Puissances et les a données en spectacle à la face du monde, en les traînant dans son cortège triomphal. Dès lors, que nul ne s'avise de vous critiquer sur des questions de nourriture et de boisson, ou en matière de fêtes annuelles, de nouvelles lunes ou de sabbats. Tout cela n'est que l'ombre des choses à venir, mais la réalité, c'est le corps du Christ [3]. »

Pour éclairer en profondeur ce texte, il faut connaître le vocabulaire paulinien. La chair, pour saint Paul, c'est le monde du péché. Echapper à la chair, c'est entrer dans le monde de Dieu, dans le monde où l'Esprit Saint agit en nous faisant revivre avec lui. Le baptême nous ensevelit avec le Christ, pour renaître et ressusciter avec lui. Le signe de cette résurrection, c'est le pardon de nos fautes, le paiement de la dette. Nous ne devons plus rien aux puissances de ce monde ; elles sont dépouillées de leur force. Saint Paul emploie une image très évocatrice : « les puis-

3. Colossiens 2, 12-17.

sances de ce monde ont été traînées dans un cortège triomphal», comme un souverain rentrant dans sa ville, vainqueur d'une guerre, et traînant les prisonniers derrière son char. Le Christ est vainqueur et nous sommes vainqueurs avec lui.

Quand nous disons que nous sommes ressuscités avec le Christ, c'est à la fois déjà fait, et encore à faire. Là réside le fondement de toute la vie du chrétien: il est ressuscité et il a à ressusciter. Ce double mouvement est une sorte de paradoxe inhérent à la vie du chrétien.

La vie nouvelle dans le Christ nous enracine dans la vie de Dieu et nous conforme au Seigneur ressuscité.

3 - Qu'est-ce qu'un être nouveau?

Les conclusions que tire saint Paul, dans l'Epître aux Colossiens, sont très simples:

«Du moment donc que vous êtes ressuscités avec le Christ, recherchez les choses d'en haut, là où se trouve le Christ, assis à la droite de Dieu. Songez aux choses d'en haut, non à celles de la terre. Car vous êtes morts, et votre vie est désormais cachée avec le Christ en Dieu: quand le Christ sera manifesté, lui qui est votre vie, alors vous aussi vous serez manifestés avec lui pleins de gloire [4].»

4. Colossiens 3, 1-4.

Le fondement de la morale chrétienne est tout simplement le Christ ressuscité. Il n'y a donc pas de fondement abstrait à la morale chrétienne. Elle s'enracine tout entière dans le rapport avec le Christ ressuscité : nous avons à rechercher les biens d'en haut, là où il se trouve, assis à la droite de Dieu.

Il ne s'agit pas d'une évasion du monde, mais d'une vie cachée en Dieu, car notre foi nous fait découvrir que le cœur de notre vie n'est pas ce qui se voit [5].

Le chrétien est un homme mort dont la vie est désormais cachée avec le Christ en Dieu, dont la vie est sous le regard de Dieu. Dans le sermon sur la montagne, le Christ demande aux disciples de vivre dans le secret du Père, c'est-à-dire dans le regard de Dieu et dans son action, attendant que se manifeste ce qui est déjà à l'œuvre en eux.

Au baptême, nous sommes nés, nous participons à la vie divine et cependant nous avons à faire jaillir cette vie divine en nous.

« Mortifiez donc vos membres terrestres : fornication, impureté, passion coupable, mauvais désirs, et la cupidité qui est une idolâtrie ; voilà ce qui attire la colère divine sur ceux qui résistent. Vous-mêmes, vous vous conduisiez naguère de la sorte, quand vous viviez parmi eux. Eh bien ! à présent, vous aussi, rejetez tout cela : colère, emportement, malice, outrages, vilains

5. Cf. le chapitre 11 de l'épître aux Hébreux.

propos, doivent quitter vos lèvres; ne vous mentez plus les uns aux autres [6].»

Dans ce passage, Saint Paul dégage une nouvelle fois la morale chrétienne de son fondement. Il dit ailleurs que «Nous sommes des azymes de sincérité», comme nous le chantons à Pâques. Idée reprise sous une autre forme dans l'Epître aux Colossiens: «Vous vous êtes dépouillés du vieil homme avec ses agissements, et vous avez revêtu le nouveau, celui qui s'achemine vers la vraie connaissance en se renouvelant à l'image de son Créateur. Là, il n'est plus question de Grec ou de Juif, de circoncision ou d'incirconcision, de Barbare, de Scythe, d'esclave, d'homme libre; il n'y a que le Christ, qui est tout et en tout [7].»

C'est le dépouillement du vieil homme, pour revêtir l'homme nouveau, qui se renouvelle dans la vraie connaissance de Dieu, à l'image de son Créateur. «Nous allons de gloire en gloire, transformés en sa vivante image.» Il y a là tout un vocabulaire paulinien concernant cette transformation qui se fait, à chaque instant, dans nos vies, sous l'action de l'Esprit Saint et qui nous conduit à la même gloire que le Christ. Et nous contemplons le visage du Christ, et nous sommes transformés en son image.

La morale chrétienne consiste à regarder le Christ, à se nourrir de sa vie pour parvenir à reproduire son comportement. Dans certains textes, saint Paul dit très clairement que c'est la nourriture propre au chrétien, l'Eucharistie, qui opère en lui cette transformation. Aussi peut-il décrire l'homme nouveau, transfiguré par la vie en Christ:

---

6. Colossiens 3, 3-9.
7. Colossiens 3, 9-11.

« Vous donc, les élus de Dieu, ses saints et ses bien-aimés, revêtez des sentiments de tendre compassion, de bienveillance, d'humilité, de douceur, de patience ; supportez-vous les uns les autres et pardonnez-vous mutuellement, si l'un a contre l'autre quelque sujet de plainte ; le Seigneur vous a pardonné, faites de même à votre tour. Et puis, par-dessus tout, la charité, en laquelle se noue la perfection. Avec cela, que la paix du Christ règne dans vos cœurs : tel est bien le terme de l'appel qui vous a rassemblés en un même Corps. Enfin vivez dans l'action de grâces. Que la Parole du Christ réside chez vous en abondance [8]. »

Remarquons dans ce texte l'insistance sur l'élection divine. Les élus sont les hommes sur qui s'est posé le regard bienveillant du Christ, et qui y ont répondu. Dans le Nouveau Testament, les Saints sont les croyants, ceux qui ont compris le message d'amour du Christ, et s'efforcent de répondre à l'appel à la sainteté. A ceux-là, saint Paul leur dit de revêtir les sentiments qui sont dans le Christ Jésus [9].

En grec, « bon » se dit « chrestos », ce qui donne lieu, dans un texte païen, à un jeu de mots : « christianes sive christianos id est de suavite compositus », ce qui veut dire : « bon, c'est-à-dire chrétien, c'est-à-dire pétri de tendresse ». Ce qui caractérise en effet le chrétien, c'est la tendresse, l'amour mutuel.

De même, la patience est la vertu la plus soulignée du Nouveau Testament. « Patientia », c'est-à-dire le fait de porter, de supporter, de savoir tenir. Plus on avance en âge, plus on s'aperçoit que cette vertu de patience, qui consiste à « tenir », est essentielle.

---

8. Colossiens 3, 12-16.
9. *Cf.* Epître aux Philippiens 2, 4-5.

« Supportez-vous les uns les autres et pardonnez-vous mutuellement si quelqu'un a contre l'autre un sujet de plainte, le Seigneur vous a pardonné, à votre tour, faites de même. » L'attitude du pardon s'enracine dans le cœur du Père, et dans toute l'attitude du Christ. Les rapports entre hommes doivent donc être commandés par les rapports entre Dieu et nous : Dieu nous a pardonnés, à nous de pardonner.

« Et par-dessus tout, la charité à laquelle se noue la perfection. Avec cela, que la paix du Christ règne dans vos cœurs, c'est bien le terme de l'appel qui vous a rassemblés en un seul corps [10]. »

Charité, douceur, patience. Cette triade se retrouve partout dans les textes des Pères de l'Eglise, jointe à l'action de grâces. L'attitude du chrétien est une attitude d'émerveillement, qui se traduit par une instruction réciproque en paroles de sagesse et d'intelligence comme le dit Saint Paul :

« Que la Parole du Christ réside chez vous en abondance : instruisez-vous en toute sagesse par des admonitions réciproques. Chantez à Dieu de tout votre cœur avec reconnaissance, par des psaumes, des hymnes et des cantiques inspirés. Et quoi que vous puissiez dire ou faire, que ce soit toujours au nom du Seigneur Jésus, rendant par lui grâces au Dieu Père [11] ! »

Le chrétien est un être dont le fond a été tellement merveilleusement transformé, qu'il n'est plus qu'action de grâces, et qu'il

10. Colossiens 3, 13-15.
11. Colossiens 3, 16.

rencontre ses frères dans l'action de grâces. Le chant qui l'exprime part d'un mouvement du cœur, d'un mouvement de reprise dans l'amour et de reconnaissance de l'autre dans l'amour, et ceci dans les plus petites choses.

4 - La résurrection ne nous arrache pas aux conditions de la vie de ce monde

La résurrection est actuellement dans l'ombre. Elle ne nous arrache donc pas aux conditions de la vie présente.

«Le Seigneur m'a déclaré: "Ma grâce te suffit: car la puissance se déploie dans la faiblesse." C'est donc de grand cœur que je me glorifierai surtout de mes faiblesses afin que repose sur moi la puissance du Christ. C'est pourquoi je me complais dans les faiblesses, dans les outrages, dans les détresses, dans les persécutions, et les angoisses endurées pour le Christ; car, lorsque je suis faible, c'est alors que je suis fort [12].»

La chair, au sens où saint Paul l'entend, est la situation concrète de l'homme mortel. La faiblesse de la chair est la situation déchirée, en brisure, qu'il vit dans le monde. Saint Paul considère cette faiblesse comme le lieu où agit la puissance de Dieu, et ceci prend chez lui une allure triomphale.

En fait, c'est bien ce que nous expérimentons dans nos vies: la grâce de Dieu passe le plus souvent par les faiblesses. Nous

---

12. 2 Corinthiens 12, 9-10

avons tous tendance à vouloir être forts, mais le Seigneur nous demande de reconnaître humblement nos misères, et de laisser passer à travers elles la grâce de Dieu. La résurrection n'agit que dans ce corps de faiblesse, reconnu comme faible, misérable, prêt à la mort. Notre vie, comme celle du Christ, est une glorification, c'est-à-dire une action divine qui nous transfigure, mais à travers notre faiblesse.

« Ce trésor, nous le portons en des vases d'argile, pour que cet excès de puissance soit de Dieu et ne vienne pas de nous. Nous sommes pressés de toute part, mais non pas écrasés ; ne sachant qu'espérer, mais non désespérés ; persécutés, mais non abandonnés ; terrassés, mais non annihilés. Nous portons partout et toujours en notre corps les souffrances de mort de Jésus, pour que la vie de Jésus soit, elle aussi, manifestée dans notre corps. Quoique vivants en effet, nous sommes continuellement livrés à la mort à cause de Jésus, pour que la vie de Jésus soit, elle aussi manifestée dans notre chair mortelle. Ainsi donc, la mort fait son œuvre en nous, et la vie en vous [13]. »

Ce texte est tout à fait étonnant. La vie humaine constitue une véritable tragédie. Saint Paul a juste ce qu'il faut pour demeurer en vie, « pressé de toutes parts mais non pas écrasé ». Il suffit de penser à son départ de Damas, dans une corbeille glissant le long du mur de la prison, pour comprendre cette allusion. La prise de conscience de cette dimension tragique est plus forte encore pour le chrétien. La Bible insiste sur le mal beaucoup plus que tout autre texte de la littérature universelle. Mais elle ne conduit pas l'homme au désespoir. Saint Paul lui-même, au plus fort de l'épreuve, se dit « persécuté, mais non pas abandonné, terrassé,

13. 2 Corinthiens 4, 7-12.

mais non pas annihilé». Certains êtres sont promis à la mort pour que d'autres vivent, certains souffrent dans leur corps, à cause de Jésus, pour que la vie soit manifestée. «Ainsi donc la mort fait son œuvre en nous, et la vie en vous.» C'est un merveilleux échange, qui n'est pas simplement une communion de mérite, mais qui est l'action de Dieu lui-même, d'autant plus forte qu'elle est supportée plus durement par d'autres. La communion des saints va jusqu'au don total qui brise les corps, pour que la vie de Jésus soit manifestée.

L'espérance chrétienne n'est pas sensible; elle ne se voit pas, ni ne se touche. Dans la réalité profonde de l'être, c'est la foi qui agit. La communion s'établit de l'intérieur, dans le cœur du Christ.

5 - Gloire et détresse

Au cœur du jugement des hommes

La vie chrétienne nous met en face du jugement des hommes. Les chrétiens sont appelés à être méprisés, tenus pour rien, et doivent l'accepter.

«Les Juifs rappelèrent alors les apôtres. Après les avoir fait battre de verges, ils leur interdirent de parler au nom de Jésus, puis ils les relâchèrent. Pour eux, ils s'en allèrent du Sanhédrin, tout joyeux d'avoir été jugés dignes de subir des outrages pour le Nom [14].»

---

14. Actes 5, 40-41.

C'est la première manifestation de la joie et de la gloire. Arrêtés, les apôtres ont été miraculeusement délivrés. On leur demande de ne plus parler ; ils s'en vont du Sanhédrin, après avoir été battus de verges, tout joyeux. Subir des outrages pour le Nom, c'est la première réalité chrétienne, qui fait écho à la dernière béatitude : « Heureux serez-vous si on vous persécute. » Elle manifeste la conformation du disciple au mystère du Christ. Saint Pierre y fait écho dans sa première Epître : « Dans la mesure où vous participez aux souffrances du Christ, réjouissez-vous, afin que, lors de la révélation de sa gloire vous soyez aussi dans la joie et l'allégresse. Heureux, si vous êtes outragés pour le nom du Christ, car l'Esprit de gloire, l'Esprit de Dieu repose sur vous [15]. »

La joie chrétienne naît d'un triomphe sur le mal qui agit en nous. L'Esprit de gloire, l'Esprit de Dieu repose sur celui qui l'expérimente.

Au cœur des tribulations

Le Verbe est la gloire de son Père, et la gloire c'est l'action de grâces. Le chrétien doit passer par bien des tribulations pour entrer dans le Royaume de Dieu, mais au cœur de toutes ces tribulations, l'amour du Christ ressuscité s'affirme en lui.

Un texte de saint Paul nous montre la situation du chrétien dans le monde. Il faut penser en le lisant à l'angoisse de la première communauté chrétienne au moment de la mort de Pierre. De plus, l'apôtre Paul est mort seul, abandonné de tous. La première communauté chrétienne a dû vivre cette situation où elle

15. 1 Pierre 4, 13-14.

était comme abandonnée par ces grands témoins. Pourtant, au cœur de cette vie, l'action de Dieu triomphe, comme le montre ce passage de l'Epître aux Romains :

« Qui nous séparera de l'amour du Christ ? La tribulation, l'angoisse, la persécution, la faim, la nudité, les périls, le glaive ? Selon le mot de l'Ecriture : A cause de toi, l'on nous met à mort tout le long du jour ; nous avons passé pour des brebis d'abattoir. Mais en tout cela nous sommes les grands vainqueurs par celui qui nous a aimés.

Oui, j'en ai l'assurance, ni mort ni vie, ni anges ni principautés, ni présent ni avenir, ni puissances, ni hauteur ni profondeur, ni aucune autre créature ne pourra nous séparer de l'amour de Dieu manifesté dans le Christ Jésus notre Seigneur [16]. »

---

16. Romains 8, 35-39.

Prière

Seigneur, apprends-nous à découvrir que ton amour se manifeste dans les persécutions, dans les angoisses, dans nos misères, dans nos faiblesses.

Fais-nous comprendre, Seigneur, que c'est lorsque nous sommes faibles que nous sommes forts. Lorsque nous sommes au bord du désespoir, nous pouvons découvrir que l'espérance chrétienne, le trésor que Tu nous donnes, est un trésor de puissance dans des vases d'argile, mais un trésor d'une puissance invraisemblable. Nous n'avons rien dans les mains et nous avons tout. Nous n'avons rien dans les mains, mais tout nous est donné.

Seigneur, donne-nous d'être des êtres d'action de grâces, donne-nous de nous soutenir les uns les autres, par des paroles de compréhension et d'amour. Que ta charité soit toute en nous.

Demandons à Paul, demandons à Pierre, demandons à Jean, qui ont tellement vécu ces réalités, de nous faire entrer dans ce mystère d'abandon à la grâce divine toute puissante.

Seigneur, fais que nous ne soyons pas scandalisés par la faiblesse apparente de la résurrection, et que nous l'affirmions d'autant plus en reconnaissant ce sillage étonnant de saints, de martyrs, de témoins, qui depuis le Christ, n'ont cessé de parler de toi, de te faire connaître, de te faire aimer, de te faire vivre. Donne-nous de devenir des saints, des saints en vérité qui t'aiment, te chantent, te glorifient.

Chapitre 8

«O mort, où est ta victoire?»

1 - La seule réponse au scandale du mal, c'est la résurrection du Christ

Prenons tout d'abord un texte de saint Paul, dans la première Epître aux Corinthiens :

«Quand donc cet être corruptible aura revêtu l'incorruptibilité et que cet être mortel aura revêtu l'immortalité, alors s'accomplira la parole qui est écrite : La mort a été engloutie dans la victoire. Où est-elle, ô mort, ta victoire ? Où est-il, ô mort, ton aiguillon ? [1]. »

Ce passage vient après un long développement de saint Paul qui a entendu dire que certains ne croyaient pas à la résurrection des morts. La pointe du discours paulinien, c'est l'affirmation du triomphe du Christ sur le mal : notre être corruptible doit revêtir l'incorruptibilité, c'est-à-dire devenir comme celui du Christ, transformé par l'Esprit, docile à ses impulsions.

Reprenant un texte d'Isaïe, Paul s'exclame :

« La mort a été engloutie dans ta victoire, où est-elle, ô mort, ta victoire ? » Si la mort a été vaincue par le Christ, elle est vaincue pour tout homme définitivement. Tel est le sens véritable de l'argument paulinien. Si elle est vaincue dans un, elle est vaincue pour tous, et nous sommes tous morts avec le Christ pour ressusciter avec Lui.

La résurrection du Christ est la seule réponse que nous ayons au problème du mal. Cela ne change pas la condition humaine. La temporalité de la condition humaine n'est pas brisée. Nous restons dans le mystère d'un monde enveloppé de mal, mais au cœur de ce mal, s'exerce la puissance de la résurrection, de façon invisible.

« A nous donnée avant tous les siècles dans le Christ Jésus, cette grâce a été maintenant manifestée par l'apparition de notre Sau-

1. 1 Corinthiens 15, 54-55.

veur le Christ Jésus, qui a détruit la mort et fait resplendir la vie et l'immortalité par le moyen de l'Evangile, au service duquel j'ai été établi, moi, héraut, apôtre et docteur [2]. »

Dans les épîtres pastorales reviennent souvent cette liaison entre l'incorruptibilité, l'immortalité et la vie divine. La vie du Christ se manifeste dans l'immortalité, dans la splendeur de son renouvellement par la grâce de Dieu. Jésus Christ avait un corps mortel comme le nôtre, il a désormais un corps immortel, un corps que la mort ne peut plus toucher. Ce refrain de la liturgie orientale l'exprime parfaitement : « Le Christ a détruit la mort, par sa mort il a donné la vie. »

Le Christ a été glorifié dans la croix et nous connaîtrons ce même mystère. Il revient au chrétien d'affirmer que par-delà toutes les puissances du mal, la résurrection est comme le noyau formateur de ce monde en fusion, qui l'entraîne vers la glorification. Le corps du Christ ressuscité « aspire » pour ainsi dire les hommes à lui, en les mettant dans l'unité. Certains d'entre nous connaîtront le même mystère que Job, la même angoisse, la même souffrance, mais le Seigneur agit en Ressuscité au cœur de leur vie.

La victoire est là, triomphante malgré les apparences. Notre monde est porteur du germe de la vraie Vie qui éclatera un jour dans la lumière de Dieu. Nous nous verrons tout transformés avec un visage transfiguré.

---

2. 2 Timothée 1, 9-11.

2 - L'homme aspire à être auprès de Dieu, avec le Christ

Chez tous les saints, même lorsqu'ils passent par l'agonie, il y a une aspiration extraordinaire vers Dieu : la résurrection provoque la glorification du Christ, et cette glorification entraîne l'homme. Saint Paul le dit admirablement dans le texte suivant :

« Le Christ sera glorifié dans mon corps, soit que je vive soit que je meure. Pour moi, certes, la Vie, c'est le Christ et mourir représente un gain. Cependant, si la vie dans cette chair doit me permettre encore un fructueux travail, j'hésite à faire un choix... Je me sens pris dans cette alternative : d'une part, j'ai le désir de m'en aller et d'être avec le Christ, ce qui serait, et de beaucoup, bien préférable ; mais de l'autre, demeurer dans la chair est plus urgent pour votre bien. Au fait, ceci me persuade : je sais que je vais rester et demeurer près de vous tous pour votre avancement et la joie de votre foi, afin que mon retour et ma présence parmi vous soient pour vous un nouveau sujet de fierté dans le Christ Jésus [3]. »

Pour saint Paul c'est le fondement de tout. Il veut s'en aller de ce monde, non pas pour le fuir, mais parce qu'il veut être auprès du Christ. C'est la même attitude que nous retrouverons plus tard, chez saint Ignace d'Antioche et tant d'autres martyrs, dont l'unique désir est de mourir pour être avec le Christ.

Mais saint Paul est pris dans une alternative. Ou plutôt, il est crucifié entre ce désir d'aller vers le Seigneur, et l'appel à servir les frères. Il s'en remet alors au Seigneur, et il est habité par un pressentiment intérieur qui s'avèrera juste : il demeurera près de

3. Philippiens 1, 20-26.

tous, pour l'avancement et la joie des frères, en particulier pour cette nouvelle visite à Philippes.

Paul aspire à ne plus faire qu'un avec le Christ. Pour cela, la mort est un passage nécessaire. Elle prend une valeur positive, en tant que moyen pour aller vers Dieu. Pour certains spirituels, elle devient comme une amie. Pensons à l'expression qu'aimait employer saint François d'Assise : « Notre sœur la mort. »

« Je regarde tout comme de la balayure, et la seule chose qui compte, c'est le Christ. » La vie chrétienne est une aspiration vers Dieu, qui demande de passer par l'angoisse et l'agonie avant de connaître la transfiguration, si tel est le chemin que le Seigneur veut pour nous.

3 - Le Christ, principe et fin de tout, remet le monde à son Père

Toute l'histoire est conduite par le Christ, principe et fin de tout, alpha et omega, commencement et terme, comme le chante l'Apocalypse.

Dans ce texte, comme chez saint Paul et dans les premières liturgies chrétiennes revient souvent l'expression « Marana'tha » qui signifie : « Viens Seigneur Jésus [4]. »

En le ressuscitant, le Père fait du Christ la Tête et le Chef de la création.

---

4. Apocalypse 22, 20 ; 1 Corinthiens 16, 22.

Conclusion

Je voudrais terminer par un texte extrait d'un livre du Père Doudko, un prêtre russe, qui a commencé à prêcher sur le Christ, en répondant aux questions des fidèles, et qui a connu un succès extraordinaire, en particulier auprès des étudiants. Pour cette raison, il fut exilé à quatre-vingts kilomètres de Moscou, puis arrêté avec le Père Yakounine. Interné pendant dix-huit ans en camp de concentration, il a eu à sa sortie un accident de voiture, que l'on a considéré comme une tentative d'assassinat.

Le Père Doudko a écrit un testament très significatif, celui d'un martyr portant témoignage de sa foi.

«Plusieurs fois déjà j'ai eu envie de faire mon testament. Qu'est-ce qui m'y poussait ? Les années, la maladie ? Non, apparemment ce n'était pas cela. Rien d'inquiétant ; pour les années, j'étais plutôt dans la force de l'âge ; pas de maladies particulières non plus. Qu'est-ce qui me pousse donc ! »

«Un instinct que la mort rôde quelque part aux alentours ? J'ai remarqué que dans ma vie tout arrive de façon un peu imprévue comme mon rétablissement complet après mon accident, rien ne m'en est resté, sinon le sentiment d'une sorte de fête. Le jour de l'accident, lorsqu'on m'a dégagé de la voiture et que je gisais à terre, l'idée m'est venue : c'est de façon tout aussi inattendue qu'arrivera la mort. »

«Il faut être prêt à tout et j'ai alors béni Dieu pour tout. Je bénis dès aujourd'hui le jour inconnu de ma mort... »

«Au fait, il sera peut-être inattendu lui aussi ? Pourvu qu'à ce moment-là Dieu soit avec moi, comme au jour de l'accident. Dans ma vie, rien ne s'est passé plus facilement que cet accident : il n'y avait en moi ni désarroi, ni chagrin et je l'ai accueilli comme une grâce de Dieu. Je pense encore que c'est une grande grâce que la mort. »

«Mais après moi, il y en a qui resteront, alors que leur léguer ? On peut léguer quand on possède, mais qu'est-ce que je possède ? Comme il est écrit : "Nu je suis né, nu je m'en irai." Le Christ a légué à ses disciples son Royaume, mais pas ici sur terre ; ici, il n'a rien légué. Le Royaume est au Ciel. Il a encore légué l'amour mutuel. Si le Christ a légué le Royaume du Ciel, c'est parce qu'il l'avait là-haut ; mais moi, je n'ai rien, ni au Ciel, ni ici-bas. Le Christ a légué l'amour parce qu'il est lui-même l'Amour ; mais moi, quel amour ai-je en moi ? »

«Seigneur, qu'il est donc terrible de paraître devant Toi, plein de péchés et dépourvu de cet amour qui est plus fort que tout. Comment paraîtrai-je devant Toi, moi qui suis nu et faible? Alors, en fait de testament, il me faut plutôt demander votre secours, vous qui restez ici: priez pour moi.»

«Sans doute il y en aura qui pleureront et ceux-là comment les consoler? Ne pleurez pas. Ne pleurez pas car nous n'avons pas été séparés. Si Dieu me permet d'intercéder pour vous, je le prierai sachant dans quel monde et quelle situation vous vous trouvez. S'il reste derrière moi des parents proches selon la chair — femme, enfants, frères —, je vous prie, ne vous désolez pas. Je ne vous ai pas amassé de fortune, mais je prie mes amis, s'il en reste, de m'aider. Le bien commun est venu de moi, qu'il reste bien commun. Si cela doit être une consolation pour vous, votre consolation sera pour moi une consolation d'autant plus grande. Mais c'est, je pense, par trop téméraire de ma part. Il s'agit moins pour moi de léguer que de demander: je demande vos prières.»

«C'est dans le Christ que sont tous nos trésors. Pardonnez-moi pour tout, adieu, et restez en santé. Je vais me mettre à vous attendre.»

«Le Christ est ressuscité, par sa mort Il a vaincu la mort. "Dans ta lumière nous verrons la lumière. Garde Ta miséricorde à ceux qui t'aiment. Garde, Seigneur, Ta miséricorde à l'égard de tous les hommes", et ne m'oublie pas non plus, moi, le dernier de tes serviteurs.»

Ce petit texte, très simple, dit l'essentiel. Cet homme qui sait qu'il peut mourir d'un moment à l'autre, découvre la mort comme la grande grâce. Il n'a rien à léguer si ce n'est l'amour du Christ.

Il s'en remet à Dieu, n'a pas de consolation à laisser à ceux qui resteront, sinon que Dieu les consolera, et n'a qu'une chose à demander, c'est qu'on prie pour lui.

Le Christ nous attend. Il est dans l'impatience de notre venue. Dans sa chair immortelle, Il attend que nous le rejoignions, pour que nous soyons avec Lui pour toujours.

Une vie chrétienne est une vie qui a compris que la mort et la résurrection du Christ sont tout. Le reste ne compte que dans la mesure où cela rejoint la résurrection du Christ.

Nous connaîtrons cette joie, le jour où le Seigneur le voudra. Nous serons illuminés de l'intérieur par la lumière de Dieu, d'une façon que nous ne pouvons pas imaginer, mais qui commence déjà à se réaliser.

Prière

Seigneur, donne-nous de triompher du mal, en croyant à ta résurrection, en croyant que tu es le Ressuscité, que tu es celui qui a triomphé définitivement de tout mal.

Donne-nous de désirer comme Paul te rejoindre, de désirer d'être dans la paix avec toi, d'être dans ta miséricorde. Que notre mort soit une grâce, la grâce de notre vie, la grâce de la rencontre, et que, si tu le veux, elle soit lucide, que nous puissions voir, si je puis dire, notre mort, la voir dans la lumière de Dieu, et nous réjouir en elle.

Seigneur, donne-nous de demeurer dans la chair, si Tu nous le demandes pour l'instant. Si c'est l'heure du passage avec Toi, que nous le fassions dans la paix, dans la joie, dans l'amour, dans l'angoisse s'il le faut, mais que ce soit dans la foi en ta résurrection.

Seigneur, donne-nous de préparer notre mort dans ta joie et dans ta paix : que chaque Eucharistie soit désormais un oui à notre mort, lucidement, loyalement. Le mal a finalement permis qu'il y ait la puissance de l'amour manifestée comme elle n'aurait jamais pu être manifestée. L'Amour a inventé la chose la plus prodigieuse qui soit : un monde de mort et de résurrection. L'Amour est vainqueur !

Table des matières

Deuxième partie: la rencontre de Dieu dans la lumière

Achevé d'imprimer en juillet 1991
sur les presses de l'Imprimerie Saint-Paul
55000 Bar le Duc, France
Dépôt initial : février 1991
Dépôt légal : juillet 1991
ISBN 2-85049-474-7
N° 7-91-0676